놀이치료에서 공격성 다루기
신경생물학적 접근

Lisa Dion 저 | 최명선 · 차미숙 공역

AGGRESSION IN PLAY THERAPY

학지사

AGGRESSION IN PLAY THERAPY

역자 서문

최근 상담현장에서는 내담 아동의 주호소로 애착이나 관계 기술을 벗어나 뇌와 관련된 조절 문제가 많아지고 있다. 동료들은 만나는 사례들이 점점 어려워지고 기존에 배운 이론적 지식이나 기술에 한계가 있음을 느낀다고 한결같이 말한다. 특히 액팅아웃(acting out)을 하거나 높은 수위의 공격놀이를 하는 아이들, 경계 설정을 반복해도 진전이 없는 아이들과의 놀이회기는 심리적 부담과 때로는 역전이를 일으키고 나아가 번아웃을 유발하기도 한다. 시중에 많은 놀이치료 책이 소개되고 있지만 이런 내담자에 초점을 둔 자료나 책은 부족하고, 특히 회기 내에서 어떻게 접근할지를 구체적이고 세부적으로 설명한 책은 찾기가 힘들다.

이런 문제행동은 행동 그 자체를 교정하기보다 먼저 그들의 뇌에서 무슨 일이 일어나는지를 이해해야 하고 접근도 달라야 한다. 이제는 많은 증상을 뇌를 통해 이해하고 치료해야 할 시대가 되었다. 이런 아이들을 위해 우리는 여러 접근법을 사용해 오고 있었지만, 공격적인 놀이를 하는 아동을 위해 특별히 초점화된 심화 기법을 배운 적은 없었다. 아동이 액팅아웃이나 과각성되었을 때 치료자를 보호하고 정서적으로 압도되는 상황을 차단하기 위해 놀이를 축소하거나 제한 설정 기법을 사용해 왔다. 아동의 뇌에서는 고통의 근원을 어루만져 달라고 애타게 소리치지만, 우리는 우리가 배운 경계를 설정해야 한다는 마음이 앞서서 또는 정서적 압도감에 사로잡혀 그 소리를 들을 수 없었다.

역자들은 이러한 상황에 대해 고민하고 아동의 뇌를 이해하는 데 관심과 호기심을 가지며 수년간 공부하고 의논해 왔다. 먼저, 이론 부분을 번역한 차미숙은 뇌 기반 심리치료와, 특히 이를 어떻게 아동과 청소년에게 적용할 것인가에 대한 책을 번역하고 연구하였으며, 다미주신경 이론(Polyvagal Theory)에 대한 관심으로 이를 적용한 임상연구를 수행한 바 있다. 최명선은 신체감각심리치료와 마음챙김을 수년간 공부하고 수련받으면서 임상현장에서 적용해 오고 있다. 이런 과정에서 우리는 이 책을 발견하였고 번역하기로 마음을 모았다. 특히 최근 많은 사람의 관심을 받고 있는 다미주신경 이론에 대한 관심으로 이 책을 번역하게 된 것이다.

1~6장까지 이론적인 부분은 차미숙이 번역하였고, 7~14장까지는 최명선이 번역하였다. 역자들은 이 책을 번역하는 동안 다미주신경 이론에 대한 호기심을 충족하면서도 임상현장에서 활용되는 구체적인 과정을 적용하고 체험하면서 그 과정과 효과에 매료되는 경험을 하였다.

이 책은 놀이치료실에서 공격적인 놀이를 하는 아이와 작업할 때 뇌에서 일어나는 일과 신경과학적으로 아이들의 놀이를 이해하는 내용을 포함하고 있다. 또한 치료자에게 공격적인 놀이를 어떻게 진정성 있게 치료적으로 다루며, 통합적인 치료를 깊이 있게 경험할 수 있을 것인지를 다룬다.

아이들이 조절 불능 상태가 되어 과각성이나 저각성 상태일 때, 뇌와 몸에서 무슨 일이 일어나는지를 이해하여 놀이를 멈추거나 경계 설정을 하지 않고도 정서적 치유를 촉진할 수 있는 치료적 방법을 상세하게 설명하고 있다. 물론 아이가 고도로 흥분하여 과격하고 격렬한 놀이 중에 치료자가 마음챙김을 하고 언어화하면서 함께 머무는 과정이 쉽지는 않을 것이다. 그러나 이러한 강렬함에서 그동안 우리가 해 온 일반적인 경계 설정만 반복한다면 아이들의 공격성을 통한 치유는 일어나지 않을 것이다. 놀이치료사가 어떻게 상황을 다루어 갈 것인지에 대한 세부적인 내용은 치료자의 내적 갈등을 줄여 주면서도 아이들에게는 깊은 치료적 경험을 하는 데 도움이 될 것이다.

이 책이 그동안 놀이치료실에서 공격성을 보이는 아이들과 고군분투해 온 놀이치료사에게 희망의 등불이 되길 소망한다. 책을 번역하는 과정에서 역자들은 가능하면 저자의 의도를 충분히 반영하고자 노력하였다. 그러나 미국 임상현장에서의 영어 표현을 우리말로 옮기기가 쉽지만은 않았다. 특히 아이들에게 직접 사용해야 하는 문장을 임상현장에서 사용한다면 어떤 표현이 좋을지를 오랜 동료와 상의하면서 최대한 놀이치료사가 유용하게 활용할 수 있는 표현으로 번역하였다.

마지막으로, 이 책에 대한 애정과 관심으로 발간을 허락하고, 오랜 번역 기간 동안 인내로 기다려 주신 학지사 사장님과 편집부 직원들에게 감사 인사를 드린다. 또한 여러 가지 도움을 준 맑음 놀이치료사와 인턴에게도 감사 인사를 전한다.

2025년 1월

역자 일동

저자 서문

2002년, 나는 놀이치료사로서 처음으로 놀이실에 들어갔다. 흥분되기도 했지만 동시에 두려움도 느꼈다. 많은 놀이치료사가 처음 시작할 때 그러하듯, 나 역시 훈련을 충분히 받지는 못했다. 나는 인턴십 중이었고, 처음으로 아이들과 치료적으로 작업하는 세계에 발을 들여놓게 되었다. 놀아 주는 것 외에 무엇을 해야 할지 몰랐고, 나를 기다리고 있는 아홉 살 소년에게 어떻게든 그의 힘든 상황이 나아지도록 노력하는 것 외에 무엇을 해야 할지도 몰랐다. 어쨌든 나는 그렇게 하는 방법을 알아내야만 했다.

점점 더 많은 아이와 함께 작업하면서, 나는 놀이치료 이론과 모델을 가능한 한 많이 배우는 데 전념했다. 나는 책을 읽고, 콘퍼런스에 참석했으며, 일주일 동안 진행되는 집중 훈련에도 참여했다. 아이들과 함께 작업하는 방법을 이해하고 싶었지만, 내가 공부한 모든 것에서 여전히 무언가가 빠져 있는 것 같았다. 나는 공부를 하면서 놀이치료가 왜 그리고 어떻게 작용하는지 찾고 있는 나 자신을 발견했다. 나는 이러한 이해를 바탕으로 내담 아동들에게 더 깊은 수준의 치유 경험을 줄 수 있을 것이라 느꼈다.

놀이치료사로서의 나의 경력은 입양 기관, 위탁 보호 가정, 사회복지 치료 팀, 학교 상담실, 보육원, 병원 그리고 내 소유의 놀이치료 사무실에서 일하는 과정으로 이어졌다. 어디를 가든지 트라우마를 겪은 아이들은 나를 찾아왔다. 공격성으로 힘들어하는 아이들이 나를 찾았거나, 아니면 우리가 서로를 찾았다는 의미이기도 했다.

이 책은 모든 놀이치료사가 경험하지만, 종종 피하고 싶어 하는 중요한 문제 중 하나인 '공격성'을 다룬다. 공격성은 매우 무섭고 압도적이어서, 때로는 모래 속에 머리를 파묻고 공격성이 없는 척하고 싶기도 하다. 최소한, 우리는 가끔 그것을 멈추게 하고 없애 버리고 싶어 한다. 공격성에 대해 너무 겁을 먹어서, 그것이 나타날 때 우리의 첫 번째 반응은 대개 공격성을 차단하는 것이다.

나는 놀이방에 들어왔을 때 이런 아동을 돕기 위해 정확히 어떻게 해야 하는지 배웠다고 말하고 싶지만, 실제로는 그렇지 않았다. 그 당시에는 공격성을 다루는 데 특별히 초점을 맞춘 훈련과 책이 거의 없었다. 아이들과 나의 직감이 나를 가르쳤다.

우리는 아이들에게 공격성이 잘못된 것이라고 가르치는 문화 속에 살고 있다. 아이들이 학교와 가정에서 받는 공격성에 대한 교육의 대부분이 행동에 기초하고 있다. 나는 우리가 아이의 행동 속에 담긴 것을 놓치고 있다고 생각한다. 지난 몇 년 동안, 아이들이 나에게 가르쳐 준 가장 큰 교훈은 그들의 행동 너머에 있는 것을 보라는 것이었다. 아이들의 공격성은 자신과 주변 세계에 대한 인식에서 비롯된 두려움과 통제 불능 상태의 확장이었다. 아이들은 나에게 내가 그들을 변화시키기위해 '무언가를 해 주려는' 시도 대신, '그들과 함께하는' 방법을 가르쳐주었다.

신경과학과 대인 관계 신경생물학 분야가 등장하면서, 내담자들이 수년간 나에게 가르치려고 했던 것 그리고 내가 놀이치료실에서 직감으로 느꼈던 것에 언어를 부여했다. 즉, 치료사는 자신의 진정한 자아를 드러내고, 공격성을 향해 다가가며, 외부에서 조절자가 되는 것을 두려워하지 않는다는 것이다. 그것은 공격성을 변화시키는 핵심 요소중 하나였다. 우리가 행동 수정을 넘어 내담자의 뇌와 신체에서 무슨 일이 일어나고 있는지 이해하기 시작할 때, 완전히 새로운 통합의 가능성이 열리게 된다.

역사상 처음으로, 우리는 내담자의 내면과 치료사의 내면 그리고 내담자와 치료사 사이에서 일어나는 일들을 연구하고 이해하며, 관계 안에서 공격성을 다루고 더 깊은 변화를 촉진하는 방식으로 강렬함을 통합할 수 있게 되었다.

이 책은 16년 전에 내 책장에 있었더라면 좋았을 자료다.

이 책의 일부는 내가 직접 출판한 첫 번째 책인『극단의 통합: 놀이실에서 공격성과 죽음(Integrating Extremes: Aggression and Death in the Playroom)』에서 찾아볼 수 있다. 지금 당신이 손에 들고 있는 이 책은 그 책의 업데이트된 버전으로, 더 많은 이야기와 통찰력, 신경과학적인 내용을 담고 있다.

이 책을 읽다 보면, 내담자뿐만 아니라 치료자 자신을 위해서도 이 책이 필요함을 알게 될 것이다. 공격성은 치료자와 내담자 모두에게 영향을 미친다. 이 책이 공격성을 다루는 기술과 아이디어만으로 가득 차 있었다면, 방정식의 가장 중요한 변수 중 하나인 놀이치료사를 놓쳤을 것이다. 놀이치료사는 아이들의 놀이와 이야기에 담긴 강렬함을 느끼며 매일 최전선에 서 있다. 따라서 놀이치료사는 번아웃과 공감 피로에 매우 취약하다. 이 책은 아이들이 자신의 공격성을 통합하도록 돕는 방법뿐만 아니라, 치료사가 자신의 건강과 신경계를 조절하는 방법도 안내할 것이다.

이 책을 쓰면서, 나는 지식뿐만 아니라 자신을 완전히 받아들이도록 영감을 주는 것을 목표로 삼았다. 나는 치료사가 자기 조절과 자신과의 깊은 연결을 모델링하며 온전하게 자신을 드러낼 때 일어나는 마법을 여러 번 목격했다. 우리가 '해야 하는 것'을 넘어서는 순간, 더 깊은 지혜가 우리를 이끄는 순간이 온다고 믿는다.

자신의 감정과 감각으로부터 멀어지거나 그것을 회피하는 놀이치료사는 자신과 중심을 잃게 될 것이다. 나는 놀이치료사가 분노, 공격성 그리고 다른 강렬한 감정으로 나아가도록 스스로를 허락하기를 바란다. 그것들을 안아 주라. 그들과 함께 춤을 추는 방법을 배워, 그들의 에너지를 변화시키고 자신과 내담자를 위한 새로운 가능성을 열어 가길 바란다. 공격성에 대한 자신의 제한된 신념을 넘어선 놀이치료사는 더 큰 확실성과 현재에 존재하는 것을 알게 될 것이다.

바로 그 공간에서 내담자와 우리 자신을 위한 깊은 치유의 기회가 있다. 이 책이 공격적인 놀이를 탐색하는 데 도움이 되는 도구를 제공하길 바라며, 그 안에서 희망과 새로운 가능성을 찾길 바란다. 또한 이 여정에서 스스로에게 친절을 베풀어야 한다는 것을 상기시켜 주고 싶다. 놀이치료사인 여러분이 놀이치료실에서 가장 중요한 놀잇감이다.

차례

13 저각성 놀이 _ 181

14 공격적인 놀이 동안 부모 지원하기 _ 197

chapter
01 놀이치료실에서의 공격성

다섯 살 아이와 놀이치료실에서 칼싸움 놀이를 한 적이 있었다. 아이는 사방으로 칼을 휘둘렀고, 나는 계속되는 공격을 피하고 막아 내려고 안간힘을 썼다. 점점 압도당하는 기분이 들었고, 그 에너지의 소용돌이 속에서 내가 생각할 수 있었던 것은 '나를 보호해야 해, 나를 보호해야 해, 나를 보호해야 해.'뿐이었다. 그러다가 몇 초 후 뭔가 단단한 물건에 머리를 맞았다. 충격 때문에 정신이 번쩍 들었는데, 그 순간 나는 아이가 쥐고 있던 칼에 맞은 게 아니라는 것을 알아차렸다. 눈물이 고인 채 바닥에 주저앉고 말았다. 그러고는 솔직한 반응을 억제하지 못하고 "무서워."라고 말해 버렸다. 가정 폭력의 목격자이자 피해자였던 꼬마 소년은 내 눈을 바라보더니 손에 쥔 무기를 내려놓았다. 그런 다음 내 무릎 위로 기어들어 와서 조용히 등을 흔들며 "나도, 나도."라고 중얼거렸다. 그제서야 나는 아이의 세계를 이해했다. 내 마음 가장 깊은 곳에서 느낄 수 있었다.

나는 카를로스의 상담 회기에서 압박감을 심하게 느끼는 그 순간에 현재에 머무르지 못했다. 감정이 홍수처럼 넘쳐흐르면서 현실감을 잃었다. 머리에 충격을 받으면서 다시 정신을 차렸는데, 그 충격과 고통이 너무 강렬한 나머지 내 감정을 숨길 수가 없었다. 눈에 눈물이 고인 채 바닥에 주저앉은 나를 본 카를로스는 내가 진심으로 자신의 두려움을 이해하고 있음을 알아차렸다. 사실, 이 순간이 치료 과정을 바꾸는 계기가 되었다. 카를로스의 트라우마 관련 놀이가 통합되고 상당히 줄어들면서, 우리 관계는 예상보다 훨씬 더 깊은 수준으로 발전했다. 나는 이 경험을 계기로 공격적인 놀이, 경계 설정, 치료자의 자기 돌봄을 심도 있게 다루게 되었다.

슈퍼바이저와 교육자로서 여러 치료자를 만나면서, 공격적인 놀이에 대한 그들의 혼란과 감정적인 고뇌가 담긴 수많은 이야기를 들을 수 있었다. 그뿐만 아니라 어린 내담자를 상담할 때 겪은 신체 통증에 관한 이야기도 들었다. 칼싸움, 죽임을 당하거나 죽도록 남겨진 상황, 수갑을 차거나 갇히는 상황, 폭발, 재해, 다친 아기, 성적 침입 및 신체 학대가 포함된 놀이로 가득한 상담 회기에 관한 내용이었다. 이 주제로 워크숍을 할 때마다, 참가자들에게 놀이치료 회기에서 다칠 것 같거나 다친 것 같다고 생각한 적이 있는지 손을 들어 달라고 요청한다. 매번 참가자 중 90% 이상이 손을 든다. 치료자들은 놀이치료실에서 자신이 역할을 제대로 하고 있는지, 놀이치료사가 되길 원하는지 아닌지를 혼란스러워하며 무엇보다 자기 자신에 대한 의문을 품었다. 나 역시 이런 딜레마에 빠져 고민을 한 적이 있었다.

놀이치료사가 처음 되었을 때 나는 비지시적 방법과 지시적 방법으로 극심한 트라우마를 다루는 능력이 나에게 있음을 발견했지만, 그

누구도 이러한 놀이에 참여하거나 놀이를 목격할 때 발생하는 고통스러운 강도의 에너지를 흡수하지 않는 방법을 가르쳐 주지 않았다. 나는 상담이 끝나면 종종 지치기도 하고 피곤함을 느끼기도 했으며 안절부절못할 때도 있었다. 그러나 내담 아동들은 변화하고 자아가 강화되었다. 놀이가 통합되면서 아이들의 증상이 줄어들었다. 아이들의 치유를 돕고 싶었지만 그렇다고 해서 내가 펀칭백 역할을 하거나 트라우마의 쓰레기통이 되고 싶지는 않았다. 내담 아동이 공격적으로 놀이하는 것을 관찰하거나 함께 놀면서 아이의 공격을 직접 감당해야 할 때 그 에너지는 내 신경계에 너무 큰 충격을 주었다. 무언가를 바꾸지 않으면 공감 피로, 번아웃, 부상이라는 큰 위험에 빠질 수 있음을 깨달았다.

카를로스와 칼싸움 놀이를 하다가 머리를 맞은 것과 같은 결정적인 순간과 내 몸이 보내는 신호에 귀를 기울이게 되면서, 내담 아동의 치유를 돕기 위해 아동과 치료자인 나 자신을 지지하는 새로운 방법을 찾아 나서게 되었다. 직간접적으로 만난 수많은 아동 그리고 자신의 고난을 용감하게 공유해 준 치료자들 덕분에, 공격적인 놀이를 새로운 관점으로 이해할 수 있었다. 그 새로운 시작을 이 책으로 공유하고자 한다.

희망찬 새로운 패러다임

이 책은 신경계와 대인신경생물학적 이해를 기반으로 공격성을 소개한다. 이 관점에서 공격성을 살펴보면, 아동의 생물학적 체계가 트라우마 기억과 감각을 처리하면서 교감신경계(과각성 상태)와 등쪽 부교감신경계(저각성 상태)를 통합하려고 한다는 것을 이해할 수 있다. 또한 아동의 신경계 조절을 지원하고 재패턴화하여 통합을 촉진하는 데 필요한 치료자의 역할도 이해할 수 있다. 이 두 가지는 공격적인 놀이를 치료적으로 만드는 데 필요한 구성 요소이며, 이 책 전반에 걸쳐 다룰 것이다.

이 책은 놀이치료에서 강렬함과 공격성을 드러내는 놀이를 하는 3세에서 12세 사이의 내담 아동을 만나는 정신건강 전문가를 위한 책이다. 아동과 칼싸움을 하거나 아동이 채운 수갑을 차고 있거나 총에 맞기도 하고, 아동의 폭력적인 놀이를 관찰할 때가 있는데, 그 순간 현재에 머무르면서 강렬함을 촉진하는 것은 쉬운 일이 아니다. 우리는 종종 놀이치료실에서 이러한 강렬한 에너지를 감당할 수 있는 한계에 도달하게 되고, 순간적으로 (또는 더 오래) 자신을 잃게 된다. 이 책은 치료자가 자신을 돌이켜 볼 수 있는 패러다임을 제시한다. 이를 통해 치료자는 내담 아동이 깊은 수준에서 치유할 수 있도록 지원하고, 동시에 그 과정에서 치료자 자신의 가장 진정한 모습을 발견할 수 있다. 이 패러다임은 치료자가 깊은 수준의 치유를 촉진하면서 놀이치료실에서 진정성을 유지하는 방법을 배울 수 있는 예술이다. 이 책은 놀이치료실에서 발생하는 공격성과 관련된 강렬함에 중점을 두고 있다. 그러나 모든 아동은 자신이 지각한 것을 놀이로 표현함으로써 생물학적으로 과각성 및 저각성 상태를 통합하려는 시도를 한다. 따라서 이 책의 내용은 다루기 어려운 내담 아동뿐 아니라 다른 내담자를 상담할 때에도 도움이 될 것이다.

우리 대부분은 아동을 돕고자 하는 순수한 마음으로 놀이치료사의 길을 선택했다. 아동이 치유되는 것을 도우려는 열망으로 가득 차 있다. 신체적으로나 정서적으로 상처받으려고 이 직업을 선택한 것은 아니지만, 때로는 그런 일을 겪기도 한다. 이 책에서 제시하는 새로운 패러다임은 공격적인 놀이를 진정성 있게 다루면서 우리 자신을 보호하고, 신경계가 과부하 되는 것을 예방하는 방법을 제시한다. 이는 공격성을 통합하는 과정에서 중요한 첫걸음이다.

이 책은 신경과학에 기반을 두고 있으며, 마음에서 일어나는 일과 관련되어 있다. 놀이의 강렬함을 다루는 방식과 그 강렬함이 놀이치료사의 신경계에 미치는 영향을 이해하는 데 도움이 되는 틀을 제공한다. 또한 공격적인 놀이를 치료적으로 활용하는 방법을 이해하는 데 도움이 되는 안내서이기도 하다. 곧 알게 되겠지만 이 책이 명확한 해결책을 제시하는 것은 아니다. 놀이치료실에서 특정 순간에 필요한 것을 어떻게 조율할지는 놀이치료사의 판단에 달려 있다.

기본을 알기

이 책은 놀이의 치료적 이점과 힘을 인정하고 존중한다. 놀이는 아동의 정서적 안녕을 도모하고, 의사소통을 수월하게 하며, 개인의 강점을 키우고, 사회적 관계를 강화하는 데 기여한다(Schaeffer & Drewes, 2012). 놀이치료는 아동에게 발달적으로 적합한 치료적 개입으로 널리 알려져 있다(Bratton & Ray, 2000; Bratton, Ray, Rhide, & Jones, 2005).

이 책에 담긴 내용이 놀이치료의 기본적인 치료 기법을 대체하는 것은 아니다. 이 책은 놀이치료실에서 이미 수행하고 있는 치료자의 방식에 덧붙일 수 있는 내용을 제공한다. 일부 독자는 비지시적인 접근으로 수련을 했을 수 있고, 다른 독자는 지시적인 접근으로 수련을 했을 수도 있다. 비지시적 또는 지시적인 방법을 선택하는 것은 치료자에게 달려 있다. 전반적으로 나는 비지시적인 방식을 선호하지만, 아동의 치유를 돕기 위해서 더 많은 제한이 필요하거나 아동의 놀이에 더 직접적으로 개입해야 할 때는 지시적인 접근으로 전환하기도 한다. 이 책의 예시는 비지시적인 성격을 띠고 있지만, 제시된 모든 정보는 더 지시적인 접근으로 쉽게 통합될 수 있다. 모든 모델이 모든 아동에게 적합한 것은 아니며 개별 아동의 각 상황에 따라 서로 다른 접근법이 필요하므로 두 접근 방식을 모두 알고 있는 것이 중요하다.

추가적인 지원과 병행하기

이 책에서 소개하는 틀과 지금까지 수련받은 방식을 결합할 수 있는 치료자는 내담 아동이 자신의 트라우마를 통합하는 데 도움을 줄 수 있다. 동시에 치료자 자신을 안전하게 보호하고 자신의 신경계에서 공감 피로를 줄일 수 있을 것이다. 어떤 상황에서는 이 방법이 퍼즐의 한 조각처럼 해결책 일부가 될 수 있다. 아동의 욕구가 서로 다름을 인식하는 것이 중요하며, 어떤 아동은 놀이치료만으로 충분하지 않을 수 있다는 것을 유념해야 한다. 심각한 트라우마 사건을 경험한 아동에게는 종종 작업치료, 언어치료, 학업 지원, 집중적인 가족 놀이치료와 같은 지원이 추가로 필요하다. 이들의 양육자에게는 종종 집중적인 양육 지원이 필요하다. 가능하다면 가족과 양육자에게 이 과정을 함께 할 수 있는 도구와 지원을 제공해야 한다. 그들도 이 여정에서 놀이치료사의 도움이 필요하기 때문이다. 최선의 임상적 판단을 통해 추가적인 도움과 지원이 필요한 시점을 알아차리는 것이 중요하다. 마지막으로, 이 작업은 누군가와 함께하는 것이 중요하다. 회기에서 경험한 것을 처리하는 데 도움이 될 수 있는 슈퍼바이저와 동료의 지원을 찾아보기 바란다. 이 일은 결코 간단한 일이 아니다.

시너제틱 놀이치료

이 책에 제시하는 패러다임의 기초는 내가 개발하고 가르치는 모델인 시너제틱 놀이치료(Synergetic Play Therapy)에 영향을 받았다. 놀이치료실에서 겪은 나의 경험과 이 모델의 일부 원리를 활용하여, 치료자와 아이 사이에서 공격적인 놀이 중에 발생하는 일을 탐색하는 데 도움을 주고자 한다. 시너제틱 놀이치료사(Synergetic Play Therapist)가 되거나 이 놀이치료 모델을 공부하지 않은 치료자도 이 책의 개념을 이해할 수 있을 것이다. 시너제틱 놀이치료는 놀이의 치료적 힘과 신경계 조절, 대인신경생물학, 물리학, 애착이론, 마음챙김, 치료자의 진정성을 결합한 모델이다. 이 모델은 아동중심, 현상학적 및 게슈탈트 놀이치료 이론에 뿌리를 두고 있다.

시너제틱 놀이치료는 하나의 놀이치료 모델이지만, 타인과 관계를 맺는 방식으로도 알려져 있다. 이 모델의 철학은 인생의 모든 측면에 적용할 수 있는 광범위한 패러다임을 제공한다. 따라서 어떠한 놀이치료 모델도 이와 결합할 수 있으며, 그 반대도 마찬가지다. 시너제틱 놀이치료는 비지시적인 접근과 지시적인 접근을 모두 사용한다. 나는 치료자들이 이 책에 담긴 정보를 활용하여 자신의 놀이치료 방식을 더욱 깊이 있게 발전시키기 바란다. 이 정보는 놀이치료실에서의 치료자 자신을 더욱 깊이 있게 이해하는 데 도움이 될 것이며, 아동과 치료자 모두에게 진정한 치유를 가져다줄 수 있는 공격적인 놀이를 어떻게 촉진할 수 있는지 보여 줄 것이다(이 모델에 대한 더 많은 정보는 synergeticplaytherapy.com을 방문하여 확인 가능).

강렬함을 피하지 않기

놀이치료사는 공격적인 놀이에 두 가지 주요한 방식으로 참여를 요청받는다. 하나는 적극적으로 참여하는 상상놀이다. 상상놀이에는 칼싸움, 총격전, 수갑을 차고 체포되는 상황, 다치거나 죽는 상황이 포함될 수 있다. 다른 방식은 관찰자 역할을 할 때다. 모래상자에서 대규모 전쟁을 벌이거나, 미술 재료로 강렬한 이미지를 만들거나, 블록을 쌓아 놓고 발로 차 버리거나, 인형들이 서로를 때리거나, 상처 입은 인형을 홀로 내버려두는 놀이를 관찰할 수 있다. 이와 같은 놀이 참여 및 관찰은 매우 강렬할 수 있는데, 그 이유는 치료자의 교감신경계(과각성 상태)와 등쪽 부교감신경계(저각성 상태)의 활성화를 모두 유발하기 때문이다. 양극단은 모두 불편하므로 종종 본능적으로 회피하는 반응을 하게 된다.

치료자가 극도의 에너지에 다소 불편함을 느끼는 것은 정상이다. 특히 그 에너지를 어떻게 다루어야 할지 또는 그것이 무엇을 의미하는지 모를 때 더욱 그렇다. 솔직히 말해서 무서울 수 있다! 과거에 그런 에너지와 유사하거나 관련이 있는 부정적인 경험을 한 적이 있었다면 더욱 무서울 수 있으며, 놀이 중에 자신을 보호하려는 패턴을 보일 것이다. 이는 정상이며 발생할 수 있는 반응이다. 공격적인 놀이를 촉진하는 것이 강렬함을 회피하거나 예방하려는 시도에 관한 것은 아니다. 치료자 자신 및 자신의 경험과 함께하는 방법을 배우는 것이다. 이를 통해 치료자는 자신이 경험하는 것을 향해 나아갈 수 있게 되고, 이는 곧 신경 회로와 방어 패턴의 변화를 유발한다. 두려움 속에서 자신과 연결된 상태를 유지하는 방법을 배우면, 현재에 경험하고 있는 것을 관리하고 통합할 수 있게 된다. 이 책을 통해 위에서 언급한 방식을 습득한 치료자는 내담 아동에게도 같은 방식을 가르칠 수 있을 것이다.

수년간 국내외 사설 상담 기관, 사회복지기관, 병원, 학교에서 치료자를 감독하고 훈련하면서 관찰한 결과, 놀이치료사는 공격성을 멈추거나 통제하는 방법만 배울 뿐, 공격적인 놀이를 치료적으로 전환하는 방식을 제대로 수련받지는 못하는 것 같다. 또한 자신의 몸에서 일어나는 강렬함을 관리하는 방법도 이해하지 못하기 때문에 공감 피로나 번아웃을 겪기도 한다. 이러한 현상이 나를 포함하여 치료자에게 어떠한 영향을 미치는지를 관찰해 왔다. 우리는 초인적인 사람이 아니다. 따라서 매우 강도 높은 강렬함은 놀이치료실 밖 일상에 영향을 미칠 수 있다. 신경생물학과 마음의 작동 방식에 대한 이해 및 치료 회기 내에서 조절하는 방식을 사용하기 전까지는, 상담 회기를 끝내고 나올 때마다 "45분 동안 감정적으로 혹사당했어!" 또는 "모든 것이 너무 버거웠어."라는 생각을 할 때가 많았다. 가끔은 그런 상황을 개인적으로 받아들여서 아이에게 화가 나기도 했다. 동요된 내 마음 상태는 생활의 여러 영역으로 번지면서 나와 내가 사랑하는 사람들에게 좌절과 압도감을 느끼게 했다.

치료자는 치료자로서 겪은 경험을 다루어야 한다. 그렇지 않으면 셧

다운되거나 압도당한 채로 시간을 보내게 되어 번아웃과 공감 피로의
위기에 처하게 된다. 이때 악몽을 꾸거나 사랑하는 사람들에게 화를 내
기도 하고 퇴근 후에도 내담자 생각에 빠져 있게 된다. 무감각하거나
정서적으로 마비되는 반응도 흔히 겪는다. 우울의 징후나 증상을 경험
하기도 하고, 자신이 느끼는 감정으로부터 거리를 두기 위해서 강박적
으로 특정 아이들에게 무슨 일이 일어났는지 알아내려고 분석할 수도
있다. 이러한 반응은 모두 조절되지 않은 신경계의 증상이다. 즉, 자신
의 인식과 조절 부족의 결과로 신경계가 균형을 잃고 있다는 것을 의미
한다.

놀이치료사가 흔히 겪는 일

압도당하거나, 셧다운 상태에 빠지거나, 신체적으로 지치거나, 잠을
제대로 못 자거나, 특정 내담 아동과의 상담이 두려울 때가 있을 것이
다. 다른 치료자도 이러한 경험을 한다. 상담 일정표를 보다가 직전 회
기의 강렬함이나 피로가 몸에서 느껴지면서 "아이고! 오후 4시에는 존
이 오기로 되어 있잖아."라고 생각한 적이 있는가? 이런 반응은 매우 흔
하고 정상적인 반응이다. 특정 순간에 이런 어려움을 한 번도 겪지 않
은 놀이치료사는 없을 것이다. 이러한 증상이 정상적인 이유는 우리의
뇌가 공격성을 잠재적인 위협으로 인식하기 때문이다. 안전하지 않을
수도 있다는 것을 본능적으로 알고 있기 때문이다. 그래서 내담 아동이
방을 뛰어다니며 놀이치료사에게 장난감 총을 겨냥하거나, 놀잇감을
던지거나, 놀이에서 치료사가 죽게 내버려두거나, 공격적인 놀이를 보

여 줄 때, 치료자는 겁이 나서 움찔할 수밖에 없다.

치료자부터 시작하기

치료자부터 주도해서 강렬함을 통합하여 공격적인 놀이를 치료적으로 전환할 수 있어야 한다. 이 책 전반에 걸쳐 이 점을 강조할 것이다. 만약 치료자로서 자신의 경험을 제쳐 두고 오직 내담 아동을 위한 공간만을 제공하는 것이 치료자의 유일한 역할이라고 배웠다면, 패러다임의 변화가 필요할 수 있다. 나는 신경과학과 연구를 활용하여 공격적 놀이를 치료로 변화시키는 과정에서 치료자의 역할이 얼마나 결정적인지를 설명하려고 한다. 후속 장에서는 회기 동안 발생하는 치료자의 내적 경험을 관리하는 방법과 놀이치료실에서 공격적인 행동이 발생했을 때 대처방안을 설명할 것이다. 이 책을 자세히 살펴보면서 개인적인 여정에 나설 준비를 하기 바란다.

트라우마 치료를 위한 놀잇감 선택하기

수년에 걸쳐 놀이치료실에서 플라스틱 칼, 수갑, 펀칭백, 여러 형태의 모형 칼, 작은 물총부터 진짜 같은 모양에 소리까지 그럴듯한 플라스틱 기관총에 이르기까지, 다양한 공격적인 놀잇감을 접해 왔다. 그러나 놀잇감의 형태와 아이들이 그 놀잇감을 활용해서 얼마나 깊이 있는 치료적 작업을 하는지 사이에는 관련이 없음을 알게 되었다. 아이들이 깊이 있는 치료적 작업을 회피할 때도 있었지만, 그 원인이 놀잇감 자체에 있는 것은 아니었다.

아이들은 사용할 수 있는 모든 것을 활용하여 치료적인 작업을 할 것이다. 치료자는 아동이 트라우마 기억과 감정을 처리하는 데 도움이 되는 공격적인 놀잇감을 마련해 주어야 하지만, 그렇다고 해서 진짜처럼 보이는 놀잇감이 필요한 것은 아니다. 예를 들어, 아이들은 7cm짜리 작은 형광색 물총을 진짜 기관총처럼 생긴 놀잇감과 같은 방식으로 갖고 놀 것이다. (물총을 실제 물총으로 사용하고 싶지 않다면, 내부를 플레이도우로 채우고 마개를 제거할 것!) 실제 무기처럼 보이지 않는 놀잇감을 사용하는 것이 놀이치료실 안에서 공격성을 유지하는 데 도움이 된다. 왜냐하면 실제처럼 보이는 총으로 쏘는 행위보다 공격적인 에너지를 촉진하고 통합하는 것을 강조하기 때문이다.

놀이치료실에 필요한 놀잇감을 선정할 때, 실물과 똑같아 보이지 않더라도 그 역할을 할 수 있는 놀잇감을 고려해 보기를 바란다. 예를 들어, 반으로 자른 풀 누들(pool noodle)이 훌륭한 칼이 될 수 있다. 저렴하기도 하고 다른 장난감 칼처럼 구부러지지도 않으면서 맞아도 아프지 않다. 풀 누들을 방패 옆에 놔두면 아이들은 그것을 어떻게 사용해야 할지 정확히 알 것이다. 풀 누들은 칼처럼 보이지 않기 때문에 다른 용도로도 사용할 수 있다.

놀이치료실에 마련할 공격적인 놀잇감을 신중하게 고려하는 것은 내담 아동의 부모 및 양육자와 협력하는 데 더욱 효과적일 것이다. 부모 대부분은 언젠가는 한 번쯤 놀이치료실 내부를 볼 때가 있을 텐데, 공격성에 불편함을 느끼는 부모는 놀이치료실에 있는 공격적인 놀잇감을 보고 두려움을 표현하거나 수용하지 않을 수 있다. 위협적으로 보이지 않는 놀잇감은 부모의 두려움을 유발하지 않으면서 아동의 치료를 촉진한다. 만약 공격적인 놀잇감을 보고 우려를 표현하는 부모가 있다면 그 놀잇감을 치울 수도 있다. 아이들은 어떤 특정한 놀잇감의 존재 여부에 상관없이 자신의 작업을 할 것이다. 아이들은 공격성을 표현하기 위해 마커를 칼로 쓰거나, 레고로 총을 만들거나, 검지와 엄지로 총을 쏘는 시늉을 할 것이다. 부모에게 놀이치료에서 공격적인 놀이의 중요성을 교육하는 방식을 선택할 수도 있다.

이제 기본사항을 다루었으니, 칼과 방패 그리고 헬멧을 챙기고 놀이치료실에서의 공격성을 탐색하는 여정에 뛰어들 준비를 해 보자.

 핵심 요약

- 놀이치료에서의 공격성을 신경계와 대인신경생물학 관점으로 이해하는 방식은 치료자의 역할과 공격성을 치료적으로 전환하는 방법을 이해하는 데 도움이 된다.
- 이 책은 이미 알고 있는 놀이치료 기본 기술에 덧붙여 사용할 수 있는 자원이다.
- 이 책에 포함된 정보는 신경과학, 대인신경생물학 그리고 시너제틱 놀이치료의 원리에 기반을 두고 있다. 모든 정보는 지시적 및 비지시적 놀이치료 접근 방식에 공통으로 적용할 수 있다.
- 공격적인 놀이를 치료적으로 만드는 것은 치료자 자신을 다루는 작업에서부터 시작한다. 이 작업은 혼자서는 불가능하다. 슈퍼비전과 지지가 중요하다.
- 실물과 똑같이 생기지 않더라도 그 기능을 할 수 있는 공격적인 놀잇감을 선택하는 것이 중요하다. 그렇게 했을 때 놀이치료실 밖에서 공격성이 표출되는 것을 예방할 수 있다.

02 새로운 관점 탐색하기: 공격성 수용하기

공격성은 내담 아동이 위협이나 도전을 인지할 때 교감신경계가 활성화되면서 나타나는 증상이다. 옥스퍼드 사전은 공격성을 '적대적이거나 폭력적인 행동' 또는 '타인을 공격하거나 맞서려는 태도'로 정의한다. 공격성은 자신, 타인 및 세상에 대한 신념과 안전감이 위협받을 때 발생하는 정상적인 생물학적 반응이다. 때리기, 물기, 발로 차기, 소리치기와 같은 외현화 행동으로 표현될 수도 있고, 자해 행동과 같은 내재화 행동으로 표현될 수도 있다.

이 책은 놀이치료 회기에서 내담 아동이 놀이로 표출하는 공격성에 중점을 둔다.

공격성 표현에 완벽한 장소, 놀이치료실

아이들이 놀이치료 시간에 공격적인 놀이를 시작하면, 치료자는 그 놀이를 계속하게 할지 말지를 결정하는 고민에 빠질 수 있다. "이런 놀이도 괜찮은 건가요?" "이 놀이를 허용해야 하나요?" "놀이치료실에서 이렇게 놀면 밖에서 친구들과도 똑같이 놀지 않을까요?" "제가 아이의 공격성을 부추기고 있는 것일까요?" "제가 트라우마를 다시 불러일으키는 것은 아닐까요?" "사람을 때리는 것은 안 된다는 사회적 규범을 가르쳐야만 할까요?" 공격성을 다루는 방법으로 세미나를 할 때마다 접하는 이런 질문은 치료자의 내면에서 빈번히 발생하는 혼란을 반영한다. 공격성이 실제로 무엇을 의미하는지, 그리고 그것을 어떻게 다루어야 하는지를 이해하지 못하는 치료자는 종종 자신이 옳다고 생각하는 행동을 선택한다. 그러나 그 행위가 치료적으로 가장 적합한 방식이 아닐 수도 있다.

놀이치료실은 아이들에게 안전한 공간이면서, 아이들이 좀 더 나은 기분을 느끼는 데 도움이 될 만한 것이 있다면 그것이 무엇이든지 탐색할 수 있도록 품어 주는 공간이다. 이곳에서 아이들은 놀이치료실 밖에서는 허용되지 않을 수 있는 방식으로 행동하고 말하고 움직일 수 있다.

아이들이 트라우마를 극복하는 과정에서 치료자의 도움을 받아서 그 과정을 헤쳐 나갈 수 있도록, 놀이치료실에서 치료자는 트라우마와 관련된 모든 측면을 받아들여야 한다. 여기에는 공격성도 포함된다.

놀이치료실에서 공격성을 드러내는 것을 제거하거나 아동에게 공격적인 행동이 부적절하다고 지적하는 방식은, 치유 과정에서 아이들이 탐색해야 하는 중요한 측면을 차단하는 결과를 초래할 수 있다. 놀이치료 시간에 내면의 공격적 충동과 생각을 자유롭게 탐색하지 못하는 아동은 이러한 공격성을 놀이치료실 밖에서 발산하려고 할 수 있다. 아동의 공격성을 멈추게 하려는 치료자의 시도가 실제로는 공격성을 더욱 강화하는 역설적인 상황을 초래할 수 있다. 이러한 이유로 나는 놀이치료실이 공격성 표현에 가장 완벽한 장소라고 생각한다.

이 책은 놀이치료실 밖에서 공격성을 촉진하지 않으면서 공격성을 치료적으로 탐색하는 방법을 제공한다. 더욱 훌륭한 점은 치료자는 내담 아동이 공격적인 충동을 치유에 도움이 되는 방식으로 탐색하도록 돕는 과정에서, 내담 아동에게 다른 사람들과 어떻게 관계를 맺어야 하는지도 자연스럽게 가르치게 된다는 점이다.

카타르시스

이 책에서 전달하고자 하는 내용과 카타르시스 이론의 차이점을 구별하는 것이 중요하다. 카타르시스는 고대 아리스토텔레스가 비극 작품 관람을 통해 사람들이 자신의 부정적인 감정을 해소할 수 있다고 제안한 개념이다. 카타르시스라는 단어는 정화하거나 제거한다는 의미다. 카타르시스 이론에 의하면, 사람들은 내면에 공격성과 압박감을 키우는데, 이러한 부정적인 감정을 방출함으로써 덜 긴장하게 되고 궁극적으로는 공격성이 줄어든다. 이 이론은 베개를 때리거나 물건을 던지거나 소리치기 등과 같은 치료적 개입을 이끌었다. 그러나 다수의 연구(Bushman, 2002; Geen & Quanty, 1977)를 통해 공격성 감소를 위한 카타르시스 방식이 실제로는 분노와 적대감을 더욱 유발하는 것으로 밝혀졌다.

이는 놀이치료실에서 공격성을 다루는 놀이치료사에게 중요한 함의를 제공한다. 놀이치료사는 아이가 화를 내도록 그냥 둬야 하나? 아이에게 펀칭백을 마구 치게 할 것인가? '공격성을 드러낼 수 있도록' 아이에게 베개를 때리라고 해야 하나? 아이가 놀잇감을 공격적으로 갖고 노는 것을 허락해야 하나? 놀이치료사가 이러한 행동을 허용한다면 아이의 공격성이 증가하거나 아이가 놀이치료실 밖에서 더 공격적으로 행동하는 것을 부추길 수 있다. 이 책이 제안하는 것은 카타르시스가 아니라 통합이다. 통합을 위해서는 아동이 자기 생각, 감정, 신체 감각을 탐색하는 동안 마음챙김과 조절이 필요하다.

신경계 및 놀이치료실에서 아이가 공격성을 보일 때 발생하는 상황을 탐색하기에 앞서, 먼저 현재의 문화적 패러다임부터 검토해 볼 필요가 있다.

공격성에 "안 돼."라고 말하지 않기

다음은 대다수 아동이 겪는 흔한 상황이다. 네 살 데이브는 유치원 놀이터에서 가장 좋아하는 놀잇감인 트럭을 갖고 놀고 있다. 이 트럭은 단순한 트럭이 아니라 뒷부분에 모래를 채웠다가 다시 비울 수 있는 로더 트럭이다. 데이브는 이 트럭에 푹 빠져 있다. 이 트럭의 여러 기능을 탐색하고 있을 때, 다른 아이가 다가와서 데이브의 트럭을 빼앗아 간다. 순식간에 데이브는 행복한 상태에서 화난 상태로 변한다. 그는 일어나서 트럭을 빼앗아 간 아이를 밀어 버린다.

나는 여러 강의에서 이 시나리오를 제시한 후, 학생들에게 그다음에 어떤 일이 발생할지를 공유해 달라고 요청했다. 대답은 모두 일치했다. 교사는 데이브에게 말로 해야 한다고 가르칠 것이며, 친구를 다치게 하면 안 된다고 설명할 것이다. 또는 놀이터에서 나가라고 할 수도 있을 것이다.

이 시나리오를 깊게 살펴보기 바란다. 이러한 방식이 공격성을 대처하는 문화적 규준이 되었다. 즉, 공격성을 드러낼 때마다 아이에게 옳지 않다고 말하는 것이 일반적인 대응방식이 되었다.

이 시나리오에서 데이브가 배운 것은 무엇일까? 데이브는 본능적으로 충동을 느낄 때 그것을 신뢰하면 안 된다는 것을 배웠을 수 있다. 또한 일련의 규칙을 준수하고 사회적으로 인정받으려면 자신의 몸과의 연결을 단절해야 한다는 것을 배웠을 것이다. 데이브는 내면의 공격적인 충동에 대해 거의 배우지 못했으며, 공격적인 충동이 잘못되었다는 것 외에는 아무것도 배우지 못했다. 데이브는 내면에서 무슨 일이 일어나고 있는지, 몸 안의 충동을 존중하고 그 표현을 전환하는 방법을 배우지 못했다.

공격성이 허용되지 않는다는 메시지를 아이들에게 반복적으로 전달하는 문화 속에서, 우리는 많은 아동이 성인이 되어 폭력을 행사하는 이유에 대해 의문을 품는다. 억압된 것은 결국 표현된다. 아이들은 자신의 본능과 충동을 이해하고 신뢰하는 법을 배우지 못한 채 성장하게 되고, 이는 결국 몸과 단절된 관계로 이어질 수 있다. 이러한 상태는 분노나 공격적인 감정을 느낄 때 수치심과 죄책감을 유발하기도 한다. 이 문제의 핵심은 공감 능력을 키우고, 타인의 비언어적 신호를 읽으며, 타인과 조화를 이루는 데 필요한 모든 정보를 우리 몸을 통해 얻는다는 점이다. 따라서 수많은 성인이 대인 관계에서 어려움을 겪는 것은 당연한 결과다.

치료자로서 우리는 이러한 이해를 놀이치료실에서도 적용할 수 있다. 아동이 치료자나 놀잇감에 공격성을 보일 때, 치료자는 상담 회기를 종료하거나 '안 돼.'라는 표현을 종종 쓰기도 한다. 물론 이런 방식이 필요한 시간과 장소가 있으며, 이는 경계에 대해 살펴볼 때 다룰 것이다. 그러나 상담 회기를 중단하거나 '안 돼.'를 기본적인 반응으로 하게 되면, 놀이가 중단되면서 아이들이 자신에 대해 배우는 기회를 잃어버리는 위험성이 있다. 아이들은 자신의 행동이 치료자에게 받아들여지는지 아닌지에만 집중하게 되면서 더 깊이 있는 치료적 기회를 놓치게 된다. 핵심 질문은 다음과 같다. 아이들에게 신체 내부의 공격적인 충동을 인식하고 관리하는 방법을 어떻게 가르칠 수 있을까? 수치심을 느끼게 하거나 경험과의 연결을 끊어 놓지 않고 말이다. 어떤 방법으로 아이들이 자기 자신을 더 잘 알 수 있게 하고, 공격성을 카타르시스와는 다른, 마음챙김 경험으로 전환할 수 있을까? 공격적인 행동이 옳은지 그른지에만 집중하기보다는 이러한 질문에 먼저 답을 할 수 있어야 한다.

수치심을 느끼거나 놀이를 중단하지 않은 상태에서 공격성을 표현할 수 있도록 돕는 방법을 찾는 것이 매우 중요하다. 앞서 언급했듯이, 놀이치료실은 아이들이 이 어려운 감정 상태를 치유하고, 패턴을 개선하며, 수치심을 느끼지 않는 방식으로 탐색할 수 있는 완벽한 장소다. 이를 위해서 치료자는 공격성과 관련된 자신의 성장사를 점검하고 놀이치료실에서 공격성이 나타날 때 자신이 어떻게 행동하는지 주의를 기울여야 한다.

수치심

아이들은 과격하게 행동하거나 공격적으로 놀이할 때, 그 행동이 바람직하지 않다는 메시지를 종종 내면화한다. 이는 내면화된 수치심으로 이어질 수 있다. 아이들은 과거의 일을 회상하는 과정에서 무슨 일이 벌어졌고, 누가 피해를 보았으며, 어떤 말이 오갔는지를 돌이켜 볼 때, 수치심을 더 많이 느낄 수 있다. 핵심은 아이들이 도전이나 위협을 인지하는 순간에 자연스러운 신체 반응으로 공격적인 행동을 한다는 것이다.

몇 년 전, 대기실에서 행복해 보이지 않은 모습으로 엄마와 거리를 두고 앉아 있는 어린 남자 아동을 맞이한 적이 있다. 아이가 일어나 나에게 다가올 때, 어머니는 그날 아이가 교실에서 쫓겨났다고 말했다. 엄마의 목소리에서 실망과 비난을 감지한 아이는 고개를 숙였다. 아이는 상담 회기 동안 학교에서 일어난 장면을 꾸몄다. 흥미롭게도 아이는 놀이를 통해 학교에서 한 행동에 대한 혼란스러운 감정을 주로 표현하였다. 자신이 나쁜 사람인지 좋은 사람인지 판단하기 어려워했고, 놀이를 통해 이러한 혼란을 풀어 나가려고 시도했다.

아이의 놀이에서는 수치심, 죄책감, 혼란이 뚜렷이 보였다. 그는 사건에 대해 다른 사람들에게서 들은 말들을 이해하려고 애쓰는 중이었다. 놀이하는 동안, 나는 아이가 내게 전하려는 바를 알아차리고 있음을 보여 주었다. 내가 "이게 다 너무 헷갈리는구나. 무슨 일이 있었는지, 그게 좋은 건지 나쁜 건지 알기 어렵겠어."라고 하자, 아이는 나를 바라보며 그 사건에 대해 말하기 시작했다. 아이는 자기가 때린 친구가 자기한테 부딪혀서 깜짝 놀랐다고 했다. 그래서 그 친구를 때려 똑같이 놀래 줬다고 했다. 아이는 자신의 몸에서 느낀 충동을 따랐고 두려움 때문에 그렇게 반응하였다. 의도적으로 때리려고 한 게 아니라 순간적으로 반응한 것이었다. 그런 다음 아이는 벌을 받았다.

이 내담 아동을 통해 어른이 아동의 공격적인 행동을 어떻게 다루는지에 따라 아동이 수치심과 혼란을 느낄 수 있다는 점을 알게 되었다. 이는 놀이치료실에서도 마찬가지다.

앞으로 다루게 될 공격성을 치료적으로 만드는 핵심 방법은 다음과 같다.

- 치료자는 강렬함을 조절하는 데 도움이 되는 외부 조절자가 되어야 하며, 아동은 치료자의 조절 능력을 빌릴 수 있어야 한다.
- 모든 개입은 아동이 생각, 감정, 몸의 감각에 주의를 기울이는 것을 권장해야 한다.
- 치료자는 강렬함의 한가운데서도 자신과 연결된 상태를 유지하는 방법을 아동에게 보여 주어야 한다. 이를 통해 아동은 강렬함을 다루는 대체 방법을 관찰하고 배울 수 있다.
- 치료자는 진정성 있고 일관성 있게 반응하여 아동이 안전감을 더 많이 구축할 수 있도록 해야 한다. 그렇지 않으면 아이들의 놀이는 더욱 격렬해질 것이다.
- 아이의 공격성이 치료자의 관용의 창(window of tolerance)을 벗어나거나 실제로 안전 문제가 염려될 때는 반드시 경계를 설정해야 한다.
- 정서적 범람이 발생할 경우, 치료자는 안전에 대한 신경지

(neuroception)를 만들어 아동이 다시 자신의 관용의 창 영역으로 돌아올 수 있도록 도와야 한다.

나는 치료자들이 이 책을 통해 공격성을 나쁘게 여겨 아동에게 '무언가를 해야 한다.'는 관점에서 벗어나 아이와 함께 있는 방법을 배우기를 바란다. 이를 위해서는 우뇌 경험의 세계를 이해해야 하며, 치료자와 아동 사이에서 일어나는 감정을 인식하는 방법을 배워야 한다.

 핵심 요약

- 공격성은 아동이 위협이나 도전을 인지할 때 교감신경계가 활성화되면서 발생하는 증상이다. 이는 생물학적으로 정상적인 반응이다.
- 공격성이 무엇을 의미하는지 이해하는 것은 공격성을 다루는 혼란을 없애고, 놀이치료실을 공격성 표현에 안전한 장소로 사용하도록 만들어 준다.
- 놀이치료실에서 공격성의 목표와 목적은 카타르시스가 아니라 통합이다.
- 아이들은 흔히 공격성이 나쁘고 허용되지 않는다는 이야기를 듣는다. 그러나 억누르는 것은 결국 표출되기 마련이다. 공격성을 막으려는 시도가 오히려 그것을 조장하는 결과를 낳을 수 있다.
- 공격성이 나쁘다는 메시지와 수치심으로 인해, 아동은 자신을 신뢰하지 않고 몸의 충동과의 단절된 관계를 습득하게 된다.
- 치료자가 답해야 할 핵심 질문은 "아동에게 수치심을 주거나 그들의 경험과 단절되게 하지 않으면서, 어떻게 몸 안의 공격적인 충동을 인식하고 관리하도록 가르칠 수 있을까"이다.

03 신경계 이해하기

> 우리는 치료 관계를 활용하여 내담자가 "정서적으로 견딜 수 있을 정도로
> 안전한 환경의 맥락에서 조절하기 어려운 정서를 재경험하게 함으로써, 압
> 도적인 트라우마 감정을 조절하고 정서적 삶을 통합할 수 있게 한다."
>
> —Allan Schore (2003, p. 37)

　뇌와 신경계의 정보 처리 방식을 파악함으로써, 아동이 놀이치료 회기에서 공격성을 보이거나 공격적으로 놀 때 그 배경에 무엇이 있는지 더 깊이 이해할 수 있다.

　뇌와 신경계가 정보를 어떻게 해석하고 신체에 어떤 증상을 일으키는지 아는 것은 전통적으로 '나쁘다'라고 판단할 수 있는 아동의 행동과 충동을 다루는 데 도움이 된다. 이는 또한 아동의 트라우마 기억과 경험의 통합을 돕고 아동의 신경계를 재구성하며, 놀이치료실에서 치료자의 역할을 더 깊이 있게 이해하는 데 도움이 된다.

지금부터 인간의 뇌에 대해 집중해 보자!

Joe Dispenza(2007)의 『당신의 뇌를 진화시키세요: 마음을 바꾸는 과학(Evolve Your Brain: The Science of Changing Your Mind)』에 따르면, 인간의 뇌는 초당 4천억 비트(bit)의 감각 정보를 처리한다. 뇌는 우리가 보고, 냄새 맡고, 느끼고, 듣고, 맛보는 것과 같은 외부 환경과 관련된 감각 정보뿐만 아니라 호르몬 수치, 포도당 수치, 심박수, 체온 등과 같은 내부 환경과 관련된 감각 정보를 지속해서 수집하고 처리한다.

뇌는 엄청난 양의 정보를 통합하는데, 놀랍게도 의식적으로 인식하는 정보는 오직 2,000비트에 불과하다(Dispenza, 2007). 잠깐 시간을 내어 해당 세부 사항의 의미를 생각해 보자. 우리가 인식할 수 있는 감각 정보가 전체의 1%도 되지 않는다면, 경험하는 대부분은 의식적 레이더에 포착되지 않는다. 정보 대부분이 의식적으로 인지되지 못하고 암묵적인 수준에서 처리된다. 즉, 몸으로는 정보를 감지하지만 정신적으로는 인지하지 못한다. 이것이 중요한 이유는 놀이치료실에서 치료자는 의식적으로 인식하는 것 이상으로 많은 것을 느끼기 때문이다. 의식적으로 정보를 인식하는 것과는 별개로, 치료자의 몸은 무슨 일이 일어나고 있는지를 감지하여 그에 따라 반응한다.

뇌에 입력된 모든 감각 정보는 변연계의 일부인 편도체로 이동한다. 편도체는 매우 중요한 역할을 하는 뇌 영역으로, 입력된 정보의 잠재적 위협 여부를 판단한다. 이전 경험과 지식을 바탕으로 위협 여부를 즉각적으로 결정 내릴 때, 다음과 같은 질문을 한다. "이전에 이 정보를 본 적이 있는가? 이 정보에 대해 알고 있는 것이 있는가? 겁을 먹어야 하는가? 나를 보호해야 하는가? 이 감각 정보의 조합에 대해 내가 알고 있는 것은 무엇인가?" 편도체가 위협을 감지하게 되면, 자율신경계를 활성화하는 신호를 보내 대응하게 한다.

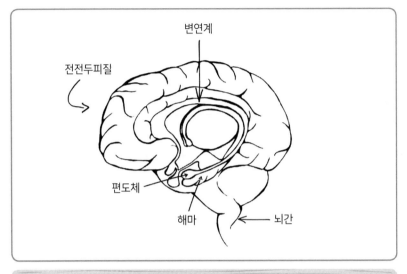

🐾 그림 3-1 뇌의 구조

  같은 트라우마 사건을 겪은 사람들이 서로 다르게 반응하는 이유는 무엇인가? 같은 환경에서 자랐지만 한 아동이 다른 형제자매보다 증상을 더 많이 보이는 이유는 무엇인가? 비극적인 상황을 겪은 후에도 조절 문제를 겪지 않고 회복할 수 있는 아동이 있는 반면에, 외상 후 스트레스 장애(PTSD) 증상을 보이는 아동이 있는 이유는 무엇인가? 트라우마는 사건을 바라보는 관점과 그 정보를 얼마나 잘 통합하느냐에 따라 달라진다.

신경계가 정의하는 위협

'위협(threat)'이라는 단어를 들으면 보통 신체적 안전을 위협하는 무언가를 떠올리지만, 편도체가 정의하는 위협의 범위는 그보다 훨씬 광범위하다. 뇌가 찾아내려고 하는 위협은 세 가지가 있다. 뇌는 신체적 위협이 될 수 있는 감각 정보를 감지하는 것 외에도, 미지의 것(unknown)에 대해 경계한다. 이것이 뇌가 감지하는 두 번째 위협이다. 뇌는 알고자 하는 성향이 있고, 예측 가능한 것을 선호하기 때문이다. 예측 가능성을 찾지 못할 때 뇌는 두려움을 느낀다.

 생각해 보기

> 미지의 것을 경험했던 순간을 떠올려 보세요. 어쩌면 여행하면서 완전히 다른 문화와 접촉했을 수도 있습니다. 식당에서 식사 중에 웨이터가 음식을 가져왔을 때 어떤 음식인지 정확히 모를 수도 있습니다. 또는 일자리를 잃은 다음 날, 무슨 일이 일어날지 전혀 예측할 수 없는 상태로 아침을 맞이했을 수도 있습니다. 미지의 것을 마주했을 때를 돌이켜 보면, 그때 잠시 멈칫했던 모습을 떠올리게 될 것입니다. 그것은 정상적이고 필요한 반응입니다.

특정 '미지의 것'을 떠올렸을 때, 그 자체보다는 알 수 없는 상황에서 발생할 수 있는 여러 가지 가능성에 대한 연상이나 기억 때문에 두려움을 느낀다. 과거에 통합되지 않았던 경험을 미지의 것에 투사하면서 위협감이 활성화된다.

뇌가 감지하는 세 번째 위협 또는 도전은 환경 속 불일치다. 1장에서 언급했던 이야기로 돌아가 보자. 카를로스와 칼싸움 놀이를 할 때, 나는 일관성이 없었다. 놀이치료 수련 과정에서 배운 대로 역할 놀이를 하고 있었다. 칼이 강하고 빠르게 날아올 때 실제로 느꼈던 감정을 소리 내어 말하지 못했다. 그리고 그 감정을 조절하지도 않았다. 단지 참고 있었을 뿐이었고, 그렇게 참으면서 점점 더 안정감을 잃어 갔다. 왜 이런 결과가 생긴 것일까? 내가 불일치했기 때문이다. 나는 카를로스에게 혼란스러운 신호를 보냈다. 비언어적으로는 겁에 질려 있다고 표현하고 있었지만 다른 한편으로는 침착함을 유지하려고 애쓰고 있었다. 나 자신이 위협의 일부가 되었던 것이다! 카를로스는 내가 진정으로 일치된 반응을 보일 때까지 놀이의 강도를 높여야만 했다.

다른 사람으로부터 무엇을 "해야 한다."라는 말을 듣거나 자신에게 스스로 무엇을 "해야 해."라고 말할 때, 몸과 마음에서 무슨 일이 일어나는지 주의를 기울인 적이 있는가? 잠시 멈추고 생각해 보자. 누군가가 당신에게 "이 일에 시간을 더 많이 투자하세요." 또는 "그렇게 하면 안 됩니다."와 같은 말을 들으면 어떤가? 또는 자기 자신에게 "그렇게 느끼면 안 되지." 또는 "그렇게 말하지 말았어야 했어."라고 말할 때는 어떤 반응이 일어나는가?

 생각해 보기

최근에 자신에게 "~해야 한다."라고 생각했던 것을 떠올려 보세요. 눈을 감고 그 "~해야 한다."라는 말을 여러 번 반복하면서 몸에서 일어나는 반응을 관찰해 보세요. 자세히 살펴보면 아마도 조절 문제를 일정 수준으로 경험했을 것입니다. 흔히 초조함, 짜증, 공격성, 방어적 태도, 피로, 우울, 몸의 긴장과 무거움, 심박수 증가, 무력감을 경험합니다.

네 번째 위협 또는 도전은 "~해야 한다."와 '비현실적인 기대'다. 이 것은 자아감을 위협하는 것으로 인지되기 때문이다. 그누구도 있는 그 대로가 아닌 다른 존재가 되어야 한다는 말을 듣는 것을 좋아하지 않 는다. 자기 자신에게 "~해야 한다."라고 말하거나 다른 사람에게 들은 "~해야 한다."를 내면화할 때, 진정한 자기(authentic self)를 의심하게 된다. 그 순간의 자신을 부정하고 자신이 지닌 지혜를 보지 못한다. 이 것은 내가 '누구인지'와 나는 '어떤 사람이 되고 싶다.'라는 생각 사이에 서 내적 딜레마를 유발할 수 있다. 결과적으로 이러한 불일치를 처리하 기 위해 자율신경계가 활성화되고, 그 증상 중 하나로 공격성이 나타날 수 있다.

특정 순간에 치료자가 떠올리는 '~해야 한다.' 또는 '~하면 안 되 지.'라는 생각은 아동의 공격 행동을 다루는 치료적 능력을 가로막는 가장 큰 요인이 될 것이다.

뇌가 감지하는 네 가지 위협은 다음과 같다.

- 신체 고통
- 미지의 것
- 환경 속 불일치
- '~해야 한다.'는 생각과 '비현실적인 기대'

신경계의 활성화

자율신경계는 각성을 담당하는 교감신경계와 이완을 돕는 부교감신경계로 구성되어 있다. 이 두 신경계는 건강한 몸의 기능을 유지하기 위해 협력한다. 앞에서 다루었던 네 가지 위협 중 하나를 인지하게 되면, 자율신경계에서는 당면한 위협이나 도전을 처리하기 위해 교감신경계와 등쪽 부교감신경계가 과도하게 반응한다. 이 상태를 신경계의 불균형(nervous system dysregulation)이라고 한다. 교감신경계(과각성 상태)는 얼어붙기, 투쟁하기, 도망치기 반응을 담당하는 반면, 등쪽 부교감신경계(저각성 상태)는 붕괴, 기절 반응을 담당한다.

누군가가 얼어붙기, 투쟁하기, 도망치기 반응 대신에 붕괴 반응을 보이거나 그 반대의 반응을 보일 때, 그 이유가 무엇인지 고민해 본 적이 있는가? 이런 반응을 선택할 수 있다는 것을 알고 있는가? 위협이나 도전을 어떻게 인지하는지에 따라 선택하는 반응 경로가 달라진다. 문제를 해결할 수 있다고 판단하면, 교감신경계는 투쟁-도피 반응을 활성화한다. 에너지가 몸의 중심부에서부터 팔, 다리, 발, 손으로 전달되어 도망치거나 싸울 준비를 한다. 손과 발에 에너지를 실감할 수 있으며, 이때부터 움직이기 시작한다. 얼굴과 머리에도 에너지가 급격하게 증가한다. 이와 같은 본능적 반응으로 인해 얼굴이 붉어지고, 턱이 긴장하며 정보를 수집하기 위해 동공이 확장된다. 심박수도 증가한다. 과도하게 경계하고 주의를 기울이며, 방어적이면서도 공격적으로 반응한다. 위협이나 도전을 피할 수 없게 되면 불안과 공황이 생기기 시작한다. 이것이 바로 과각성 상태의 본질이다.

그러나 위험이 너무 크고 감당할 수 없다고 느낄 때는 어떻게 될까? 위협을 감당할 만큼 체구가 크거나 빠르거나 큰 소리를 낼 수 있거나 똑똑하거나 강하다고 느끼지 못할 때, 신경계는 셧다운되어 붕괴 상태에 빠질 수 있다. 등쪽 부교감신경이 활성화되었을 때 이와 같은 저각성 반응이 나타난다. 매우 심각한 수준에서는 기절하거나 해리 반응이 나타날 수도 있다. 놀이치료실에서 내담 아동의 등쪽 부교감신경계가 활성화되면 부동화(immobilization)가 발생한다. 아동은 지쳐 보이며 감정 표현이나 표정 변화를 거의 보이지 않는다. 극단적으로는 유령이나 로봇처럼 보일 수 있으며, 팔다리에 에너지가 부족하여 무감각해진다. 고통을 멈추려는 시도이지만, 결국 정서적 억제와 고립 및 우울감으로 이어진다. 이 아이들은 셧다운 상태로, 물리적으로는 놀이치료실 안에 있으나 정신적으로는 부재한 상태와 같다. 치료자의 등쪽 부교감신경계가 활성화되었을 때에도 일련의 사건이 발생한다.

도전을 인식하는 정도에 따라 자율신경계의 활성화를 단계별로 구분하여 이해하는 것이 유용할 수 있다. 잠재적인 위험을 감지하면 처음에는 얼어붙기 반응을 보인다. 교감신경계의 얼어붙기 반응은 짧게 지속되는데, 정보에 집중하고 잠시 멈추어 다음 행동을 계획하는 데 필요한 정보 수집을 목표로 한다. 두 번째와 세 번째 단계에서는 교감신경계가 계속 활성화되면서 투쟁-도피 반응을 취하게 된다. 처음에는 도망치려고 하지만, 그렇게 할 수 없다면 투쟁 반응이 나타날 것이다. 도망치거나 싸울 수 없다면 교감신경계와 등쪽 부교감신경계가 동시에 활성화되는 이중(dual) 자율신경 활성화 상태로 전환될 수 있다. 이 상태는 가속페달과 브레이크를 동시에 밟는 것과 같다. 무엇을 해야 할지 결정하지는 못하지만, 아직 완전히 붕괴된 상태는 아니다. 이 시점에서 해리 현상이 시작될 수 있다. 위협이나 도전에 대한 해결책이 여전히 없다면, 다음 단계인 등쪽 부교감신경계의 붕괴 반응으로 넘어갈 것이다. 상황을 해결할 방법이 없다고 느끼면 신경계는 셧다운을 시작하는데, 점점 움직임이 느려지고 심박수와 혈압이 떨어지며, 이런 변화가 급격하게 일어나면 실신하기도 한다(Elbert & Schauer, 2010; Schwartz & Maiberger, 2018).

카를로스와 칼싸움 놀이를 할 때 나의 뇌는 많은 감각 정보를 받아들이고 있었다. 입력된 정보는 편도체로 전달되었고, 편도체는 잠재적 위협 여부를 신속하게 평가했다. 결론은 확실한 '예스!'였다. 이에 따라 자율신경계를 활성화하도록 하는 신호를 전송하여 도전에 대응하게 하였다.

처음에는 나의 뇌가 무엇인가를 할 수 있다고 인지했기 때문에, 과각성 상태를 보이며 맞서 싸우려고 했다. 내가 조절을 하지 못하고 경계를 설정하지 않은 채 진정한 반응을 보이지 않는 상태에서, 카를로스는 공격의 속도와 강도를 높이기 시작했다. 그러자 나는 점점 아무것도 할 수 없다는 생각이 들면서 저각성 반응으로 그 상황에서 멀어지기 시작했다. 이 모든 과정은 단지 몇 분 안에 일어났고, 결국 머리를 맞고 말았다. 나는 아직까지 카를로스가 무엇으로 나를 때렸는지 모른다.

놀이치료실에서 치료자가 오랜 시간 동안 강렬한 공격성을 다룰 때, 자신의 인식을 조절하거나 관리하지 않은 채 위험을 인지할 경우 몸에서는 저각성 징후가 나타나기 시작할 것이다. 이러한 상태는 놀이치료실을 벗어난 일상생활에도 영향을 끼칠 것이다. 신경계는 일정량 이상을 처리할 수 없다. 시간이 지나면서 신경계가 셧다운되기 시작할 때 등쪽 부교감신경의 활성화 징후가 나타날 것이다.

✿ 표 3-1 조절 및 조절 불능의 신경계 증상

모든 조절 불능 증상은 우리 삶에서 발생하는 사건에 대한 잘못된 인식에서 비롯된다. 인식을 바꾸면 신경계의 증상을 바꿀 수 있다. 인식을 바꾸는 방식과 몸에서 나타나는 증상을 관리하는 방식을 익힘으로써 더욱 조절된/배쪽 미주신경 상태로 몸을 회복할 수 있다.	
교감신경계의 반응: 얼어붙기, 도피, 투쟁과 같은 과각성 증상	과도한 경계, 과도한 주의, 심박수 증가, 방어적, 머리에서 '울리는' 느낌, 불안, 과도한 움직임, 압도당함, 조직화되지 않음, 매우 짜증 나는, 조절할 수 없는 분노, 발작, 공격적인 해리
부교감신경/배쪽 미주신경 반응: 조절된 증상(마음챙김/자기(self)에게 애착이 있는)	논리적으로/명확하게 생각하기, 의식적인 선택을 할 수 있음, 눈 맞춤이 가능함, 다양한 정서표현을 보임, '안정된' 느낌, 호흡에 주의를 기울일 수 있음, 수면 주기 안정, 평정, 마음과 몸의 내적 알아차림, '몸 안에 있는' 느낌, 명확한 언어적 의사소통 가능
부교감신경/등쪽 미주신경 반응: 붕괴와 같은 저각성 증상	무력감, 생기 없어 보임, 표현 없음, 둔감화, 동기 부족, 무기력함/피로, 중요한 사건을 느끼는 능력 저하, 감정 억제, 우울, 고립, 해리

✿ 표 3-2 시너제틱 놀이치료™-조절 활동

아래는 조절되지 않은 신경계를 조절하는 데 도움이 되는 예시 활동이다. 이러한 활동은 신경계가 조절 불능인 순간에 하기도 하고, 미리 예방 차원에서 하는 것도 좋다. 몸의 본능적 지혜를 따라 조절된/배쪽 미주신경 상태로 돌아가는 것도 중요하다. 다음의 활동은 혼자 해 볼 수도 있고 다른 사람과 함께 해 볼 수도 있다.

- 깊게 호흡을 하면서 달리기, 점프하기, 회전하기, 춤추기
- 아이와 함께 높이 점프해서 벽이나 문틀에 높게 닿을 수 있는 게임 만들기
- 뛰고 점프하면서 무언가 부드러운 것에 부딪히기(예: 침대에 뛰어올라 여러 번 부딪히기)
- 요가 볼에 앉아서 바운스하기
- 바닥에서 앞뒤로 구르기
- 의자에 앉아 팔로 밀어 올리기(의자에서 일어나려는 것처럼): 약간의 저항 유지
- 마사지
- 팔과 다리에 깊은 압력 주기(팔과 다리에 천천히 압력을 가하며 길게 쓸어내리기)

- 먹기(특히 바삭한 음식)
- 빨대로 음료 마시기
- 목욕이나 샤워하기
- 담요에 감싸고 포근하게 안기(약간의 압력을 위해 조금 힘주어 안기): 안전 중요
- 전환 시점에 걷거나 노래 부르기
- 과각성 상태일 때, 하루 중 힘든 시간에 모차르트 음악을 배경음악으로 재생
- 저각성 상태일 때 하드록/빠른/저음 음악 재생
- 무거운 것을 들거나 무거운 것을 밀기
- 등척성(정적 근력) 운동: 벽을 미는 동작이나, 기도하는 것처럼 손을 모아서 양손을 미는 운동

- 빠르게 걷기
- 계단 뛰어오르기
- 빠르게 머리 흔들기
- 침대나 소파에서 물구나무서기
- 스포츠 운동하기
- 종이에 '낙서'하기(이 방법은 조금 더 산만할 수 있으나 가끔 효과가 있음)
- 쿠쉬볼(Koosh ball), 고무밴드, 빨대, 점토를 주무르거나 가지고 놀기
- 피부나 옷에 부드럽게 혹은 세게 문지르기
- 얼굴에 차가운 혹은 뜨거운 수건 올리기
- 과각성 상태일 때 조명을 어둡게 하기
- 저각성 상태일 때 조명을 켜기
- 책 읽기

- 그네 타기
- '두뇌 훈련(Brain Gym)' 배우기
- 요가
- 포근하게 안기
- 춤추기
- 몸이 좋아하는 방식으로 움직이고 움직이고 움직이기
- 몸에서 일어나는 반응을 큰 소리로 설명하기: '배에서 꾸르륵꾸르륵 소리가 나.' '다리가 무거워.' 등
- 들숨과 날숨의 길이가 같도록 숨 쉬고 숨 쉬고 숨쉬기

안전에 대한 신경지

부교감신경계의 또 다른 부분을 이해할 수 있어야 한다. 바로 배쪽
미주신경(ventral vagus nerve)이다. Stephen Porges의 다미주신경 이론
(polyvagal theory)에 따르면, 등쪽 미주신경과 배쪽 미주신경 모두 신체
활동을 느리게 하는 기능을 한다. 그러나 두 미주신경이 이런 기능을
수행하는 근본적인 이유는 서로 상당한 차이가 있다. 앞서 설명한 바와
같이, 등쪽 활성화는 위협을 감지할 때 발생한다. 이와 반대로 '신경지
(neuroception)'를 통해 안전이 감지될 때는 배쪽 미주신경계가 활성화
된다(Badenoch, 2017; Porges, 2011). 배쪽 미주신경을 브레이크 시스템
처럼 생각해 보자. 실제로 배쪽 브레이크(ventral brake)로 불리기도 한
다. 배쪽 미주신경의 활성화는 조절 불능에 제동을 걸어 주며, 조절 능
력을 더 많이 발휘하도록 돕는다. 또한, 감각 정보를 통합할 수 있는 최
적의 각성 영역(Ogden, Minton, & Pain, 2006; Siegel, 1999)이면서, 신경계
활성화의 적정 각성 영역인 관용의 창(window of tolerance)에 머물게
한다(Siegel, 2012). 치료자는 이 책에서 제시하는 조절 방법을 활용하여
배쪽 미주신경을 활성화 상태로 유지할 수 있을 것이다. 이를 통해 내
담 아동과 함께할 때 정서적으로 압도되지 않을 수 있다. 또한 치료자
가 강렬함에 몰입하면서 현재에 머물러 내담 아동과 조율할 때 아이들
은 안전감을 느끼게 된다.

치료에서의 신경계

　과각성 상태의 아동이 놀이치료에 의뢰되는 경우가 더 흔하지만, 저각성 상태에 있는 아동도 잊어서는 안 되며, 저각성 상태의 아동에게 지원이 필요하다는 것을 부모와 교사에게 알릴 수 있어야 한다. 저각성 상태의 아동은 순종적이고 문제가 없어 보여서 종종 간과되기도 한다. 그러나 이 아이들은 도전을 너무 크게 받아들여서 이미 정서적 세계를 셧다운하기 시작한 저각성 상태에 빠져 있다는 것을 명심해야 한다. 이들은 액팅아웃(acting out)을 하면서 기회가 있다고 여기는 아동과 반대 양상을 보인다.

　치료자는 적대적 반항 장애, 품행 장애, 불안 장애, 양극성 장애, 외상 후 스트레스 장애, 주의력 결핍 장애, 우울 장애 등과 같은 다양한 장애를 진단받았거나 그 증상을 보이는 아동을 만난다. 치료를 받는 아동이 겪는 모든 증상과 진단이 신경계의 조절 불능에서 비롯되었다는 점을 고려해 볼 필요가 있다.

　아동을 특정 장애로 진단하기보다는 '교감신경계의 과도한 활성화로 인한 조절 불능 상태' 또는 '등쪽 부교감신경의 과도한 활성화로 인한 조절 불능 상태'와 같은 진단이 필요할 수도 있다. 놀이치료실에서 이러한 관점으로 내담 아동을 바라본다면, 치료자는 어떻게 접근해야 할 것인가? 이러한 접근이 아동을 다루기 어려워하는 부모와 교사를 지원하는 방식을 어떻게 바꿀 수 있을까?

아동의 증상은 신경계의 조절 불능 상태에서 발생하는 증상으로 볼 수
있다.

—시너제틱 놀이치료의 원리

위협이나 도전을 느낄 때 발생하는 신경계의 증상을 이해하면, 아이
들이 도전을 얼마나 크게 받아들이는지를 통찰할 수 있다. 아동의 증상
을 경험하는 치료자의 인식에 대해서도 정보도 얻을 수 있다. 놀이치료
실에서 공격성이 나타날 때, 치료자는 대부분 과각성된 교감신경계 활
성화와 상호작용하고 있다는 것을 유념해야 한다. 그러나 항상 그런 것
은 아니다. 가끔은 놀이치료실에서 등쪽 미주신경의 활성화 반응을 볼
수도 있을 것이다. 반드시 신경계 조절 불능의 다양한 증상과 활성화
단계를 이해해야 한다. 이것을 알고 있으면 치료자 자신과 아동이 겪는
감정의 격화 및 압도를 추적하고, 정서적 범람(emotional flooding)을 모
니터링할 수 있다.

공격적 놀이에서의 신경계

간단히 말해서, 놀이치료실에서 아동이 공격적인 놀이를 하기 시
작하면, 치료자는 아동의 신경계가 동시에 과각성된 상태임을 알 수
있다. 놀이 자체를 교감신경계의 활성화를 상징하는 표현으로 생각
할 수도 있다. 이는 아동이 놀이를 시작하게 되면서, 관련된 기억과 신
체 감각이 떠오르기 때문이다. 그 결과 아이들은 자신에게 발생한 도
전적인 정보를 처리하려고 할 때 신경계의 조절 불능 징후를 보이게 될

것이다.

아동의 행동 또는 아동이 펼치는 놀이가 공격적이고 강렬해지면, 이는 아동의 신경계가 매우 활성화된 교감신경계의 반응으로 이동하고 있음을 의미한다. 흥미롭게도 놀이치료실에서는 교감신경계와 등쪽 부교감신경계의 에너지가 짝지어 나타나는 경우가 자주 발생한다. 예를 들어, 아동이 치료자를 구석으로 몰아넣고 공격하는 순간에 공격적 에너지가 최고조에 달했을 때(과각성 상태), 치료자는 죽어 가면서 힘을 잃게 되고 무력해진다(저각성 상태). 치료자가 관찰하는 놀이에서도 마찬가지다. 모래상자에서 매우 혼란스럽고 공격적인 전쟁이 일어날 때(과각성 상태), 총격을 받는 군인들이 죽어 가고 많은 사람이 쓰러지거나 모래 속으로 사라진다(저각성 상태).

공격성을 표현하는 놀이를 아동의 신경계가 과각성된 상태의 상징적 형태이자 확장으로 이해하면, 신경계 조절을 기반으로 한 치유 패러다임을 수용할 수 있다. 즉, 공격성을 포함하는 모든 행동은 조절을 시도하는 것이다. 그렇다고 해서 아동의 놀이가 상징적이거나 은유적이지 않으며 과거의 경험을 재연하지 않는다는 의미는 아니다. 공격적인 놀이에서는 과거 경험을 재연하는 것 외에 더 많은 일이 발생한다는 점을 강조하고 싶다. 아동의 증상을 신경과학과 신경계 상태의 관점으로 바라보는 패러다임을 수용하면, 치유와 통합의 새로운 길이 열린다는 것을 의미한다.

핵심 요약

- 편도체는 뇌에서 물리적 위협, 미지의 것, 환경의 불일치, '~해야 한다.'는 메시지를 위협과 비위협으로 구분하는 필터 역할을 한다. 치료자는 놀이치료실에서 아동의 공격성을 촉진할 때 이러한 위협을 유념해야 한다.
- 일상과 놀이치료실에서 자율신경계는 두 가지 경로로 나타난다. 하나는 각성을 촉진하는 교감신경계이며, 다른 하나는 안정을 시키는 부교감신경계다.
- 공격적 놀이는 교감신경계 활성화의 상징적 형태이자 확장으로 발생한다.
- 놀이치료에서 아동이 공격성을 보일 때 '~해야 한다.' 또는 '~해서는 안 돼.'와 같은 치료자의 신념은 그 순간을 촉진하는 치료적 능력을 가로막을 수 있다.
- 위협이나 도전에 직면했을 때 무엇인가를 '할 수 있다.' 또는 '할 수 없다.'고 생각하는지에 따라 교감신경계의 각성이나 등쪽 부교감신경계의 붕괴가 활성화된다.
- 치료자는 아이들이 강렬한 감정 상태와 감각에 다가갈 수 있도록 돕는다. 신경계가 새롭게 조직화되도록 돕는 과정에서 아동의 회복탄력성이 발달한다.

chapter 04 조절의 진정한 의미

여러 치료자를 교육할수록, 치료자들이 조절 또는 조절 상태가 되는 것에 대한 개념을 잘못 이해하고 있음을 알게 되었다. 사람들은 대부분 조절된 상태가 차분한 상태를 의미한다고 생각하지만, 항상 그런 것은 아니다. 시너제틱 놀이치료(Synergetic Play Therapy)의 관점에서 조절된 상태란 자신에 대한 마음챙김과 알아차림을 의미한다. 조절의 순간에, 뚜렷하게 생각할 수 있고, 의식적으로 선택할 수 있으며, 호흡에 주의를 기울일 수 있고, 안정감을 느낄 수 있고, 분명하게 말할 수 있으며, 내 몸 안에 내가 있음을 느낀다. 나는 나 자신과 연결되어 있다(〈표 3-1〉 참조).

신경계에서의 조절은 자신과 자신의 배쪽 미주신경을 의식적으로 알아차릴 때 발생한다. 조절하는 순간에는 발생한 사건과 자신이 별개라는 것을 알아차린다. 분노나 슬픔이 자신의 본질이 아님을 알고 있다. 비록 짧은 순간일지라도 그 경험보다 자신이 크다고 느낀다. 이러한 알아차림의 순간은 자기와 분리되지 않으면서 타인과 연결될 수 있도록 한다. 따라서 화나거나 슬프거나 불안한 상황에서도 조절할 수 있다. 사람들이 부정적인 감정을 비칠 때에도 조절 상태를 유지할 수 있다.

예를 들어, 어떤 상황이 자신을 매우 짜증 나게 한다고 말해 보자. 그 상황에 대한 나의 인식은 조절 불능 상태를 유발하고 나와 멀어지게 한다. 나는 과각성 상태에 빠져서 나 자신과 전혀 연결되지 않는다. 나는 내 안에 있는 짜증이라는 감각에 휩싸여 있다. 그런 다음 나는 알아차리기 시작한다. 내가 말을 점점 빠르게 하고 있음을 알아차린다. 손가락을 탁탁 치고 있고, 오른쪽 다리를 떨고 있으며, 심박수가 빨라지는 것을 알아차린다. 내 몸이 각성 상태에 있다는 것에 주의를 기울인다. 각성 상태가 점점 강해지면서 약간 어지러워진다. 나는 내가 느끼고 볼 수 있는 모든 것에 주의를 기울이기 시작한다. 그렇게 하면서 나는 다시 나 자신에게 돌아온다. 나는 더 이상 분리되지 않는다. 내 몸에 강렬함이 흐르고 있음을 느낄 수 있고 알아차린다. 강렬함 속에서 조절하고 있지만 그렇다고 해서 완전히 차분한 상태는 아니다. 이것이 치료자가 내담 아동에게 가르치려고 하는 조절의 형태다. 아동은 조절 불능 상태가 될 때 자기와 분리되지 않으면서 내적으로 발생하는 강렬함을 관리하는 방법을 치료자에게 배울 수 있다.

연속선상에 존재하는 조절

조절되는 순간에 잠깐 동안 머무를 수도 있고, 조절 상태에 이르는 수많은 조절 순간에 머무르면서 차분함을 느낄 수 있다. 앞에서 언급한

예시에서 나는 조절 순간에 머물러 있었다. 놀이치료사로서 놀이치료
실에서 공격적인 놀이를 촉진하는 방법을 배우는 데 있어, 진정하는 것
이 목표나 핵심이 아님을 이해해야 한다. 조절되지 않는 상태에서 발생
하는 치료자 자신의 에너지를 관리하는 방법과 아이들에게도 같은 방
법을 가르치는 방식을 배우는 것이 핵심이다. 이 내용을 이해해야 공격
적인 놀이를 촉진하는 치료자의 역할을 할 수 있다. 만약 치료자가 에
너지를 진정시키고자 하는 바람 때문에 에너지를 중단하려는 목표를
갖고 있다면, 의도치 않게 아동의 과정을 멈추게 하거나 아동 내면에
에너지가 갇히거나 회전하도록 하여 통합을 방해할 수 있다. 억누르는
것은 반드시 어딘가에서 표현되어야 한다는 점을 기억하기 바란다.

치료자는 놀이치료실에서 내담 아동의 에너지를 중단시키기보다는,
내담 아동이 자신의 경험에 대해 마음챙김을 할 수 있도록 하여 강렬함
속에서 조절하는 방법을 가르쳐야 한다. 이를 통해 아이들은 자신의 경
험을 회피하면서 증상을 증폭시키는 대신, 그 경험에 더 가까이 다가갈
수 있게 된다. 자기 알아차림을 통해 공격적 놀이의 에너지가 통합되기
시작할 것이고, 시간이 흐르면서 아동은 자연스럽게 조절 상태에 도달
하게 된다.

치료자는 강렬함에서 벗어나려고 조절하는 것이 아니라, 그 강렬함에 다가
가기 위해 조절한다. 아동이 다시는 분노를 터뜨리지 않고, 친구를 다시
는 때리지 않으며, 다시는 어른에게 말대꾸하지 않으리라 생각하는 것
은 비현실적이다. 때로는 아동이 도망가서 숨고, 이불 속에 머리를 숨
기고 다시는 나오지 않으려고 하는 순간도 있을 것이다. 아동이 어려운
상황에 부닥쳤을 때 자기 자신과의 연결을 유지하는 방법을 치료자가
가르쳐 주는 것이 실질적이고 효과적이다. 바로 이것이 공격적인 놀이

를 촉진하는 전부라 할 수 있다. 치료자는 내담 아동이 과각성 또는 저 각성 상태의 강렬함 속에서도 자신과 연결된 상태를 유지할 수 있도록 (배쪽 개입) 지원한다. 이를 통해 아동은 에너지를 통합할 수 있고 자기 알아차림을 할 수 있다. 치료자를 통해 아동은 강렬한 감정을 느끼면서 도 그 감정에 압도당하지 않을 수 있음을 배우게 된다.

아동의 본능적인 조절 방식

모든 행동은 조절을 위한 시도이며, 사회적으로 '부적절하다'는 꼬리 표를 붙일 수 있는 행동도 마찬가지다. 아동은 감각 정보를 획득하거나 차단하려는 조절 시도로 물기, 때리기, 소리치기, 밀기, 발작 일으키기, 숨기, 눈 맞춤 피하기, 대화 거부 등을 보인다. 조절하기 위해 움직이 고, 노래하고, 바닥을 구르고, 점프하고, 물건을 밀치고, 거꾸로 매달리 고, 놀고, 예술을 창작하고, 다양한 활동에 참여한다. 아이들은 매우 영 리하며, 자신의 몸에서 발생하는 정서와 감각을 관리하는 데 필요한 일 이라면 무엇이든 할 것이다. 여기에는 공격적인 행동도 포함된다. 공격 적 행동을 조절의 시도로 바라보는 것은 패러다임의 전환일 수 있다.

도전은 아동의 조절 전략이 효과를 발휘하지 못해서 조절 불능 상태 에 머물러 있고, 그 조절 전략이 아동의 일상생활에 부정적인 영향을 미칠 때 발생한다. 얼어붙기/도피/투쟁/붕괴 상태에 더 오래 머물러 있 는 아동일수록 건강, 관계, 학습, 분노 및 우울, 충동성과 같은 영역에 서 문제를 겪을 확률이 더 높아진다.

아동은 원래 자기 조절 능력을 타고나지만, 이를 효과적으로 발휘하는 방법을 익히려면 도움이 필요하다. 다시 말해, 조절 불능을 다루기 위해 배쪽 미주신경을 어떻게 활성화할지 배우는 데 도움이 필요하다는 뜻이다. 아이들이 이런 도움을 받는 주요 방법 중 하나는 다른 사람들이 정서와 신체 감각을 어떻게 관리하는지를 관찰하는 것이다.

이는 곧 놀이치료실에서 치료자가 아동에게 몸에서 일어나는 공격적인 충동을 어떻게 다루어야 하는지 보여 줘야 한다는 뜻이다.

외부 조절자의 필요성

다음 질문에 답해 보기를 바란다. 이 질문의 답은 공격적 놀이를 치료적으로 만드는 데 있어서 치료자의 역할의 중요성을 탐구하게 된 배경을 이해하는 데 도움이 될 것이다.

"아기가 고통스러워할 때 아기를 안아서 흔들어 주는 이유는 무엇인가?"

답이 너무나 분명해서 바로 다음 내용으로 넘어가고 싶을 수도 있지만, 잠시 시간을 내어 깊이 생각해 보자. 아기가 느끼는 신체적인 고통을 달래 주기 위해서일까? 내면의 정서적 고통을 가라앉히기 위해서일까? 혼자가 아니라는 것을 알려 주기 위한 것일까? 원하는 것은 대부분 충족될 것이라고 믿을 수 있도록 하는 것일까? 원하는 것을 얻기 위해 요청하는 것이 괜찮다고 알려 주기 위한 것일까? 모두 정답이다.

이런 답은 어떻게 생각하는가? 아기가 자신의 신체 감각을 인식하도록 도와주는 것이다. 아기가 힘든 정서 상태에서 자기 자신과 연결되는 방법을 배우도록 돕는 것이다. 아기가 조절 불능 상태에서 조절된 상태로 반복해서 전환하면서 강력한 조절 능력의 기반이 되는 뇌의 회로가 형성되도록 돕는 것이다. 이것도 모두 정답이다.

아기가 심각하게 조절 불능 상태에 있을 때, 조율하는(attuned) 양육자는 아기에게 심호흡을 시키거나 진정하는 데 도움이 되는 무언가에 집중하라고 하거나 열까지 숫자를 세어 보라고 하지 않는다. 아기가 이런 일을 할 수 없다는 것을 알고 있으므로, 이것은 자명한 사실이다. 아기는 더 원시적인 뇌 영역에서 반응하고 있으며, 아직 자기 진정(self-soothe) 능력이 충분하지 않다. 아기에게는 내적 경험을 조직화하는 데 도움을 줄 수 있는 외부 조절자(external regulator)가 필요하다. 반드시 조율하는 양육자가 안내해야 한다.

출생 직후 아기의 자기 진정 능력은 미성숙하다. 아기는 조율하는 양육자의 지원을 통해 조절된 상태로 회복하는 방법을 습득한다. 아기가 양육자의 조절 능력을 빌려 가서 자신의 조절 능력을 발달시킨다고 말할 수도 있다. Allan Schore는 "어머니는 아기의 발달하는 자율신경계의 크레셴도와 데크레셴도를 돕는 조절자"라고 언급하였다(Bullard, 2015). 치료자는 자신이 만나는 내담 아동 대부분이 큰 덩치에 가려진 아기라는 것을 잊어버린 채, 아이가 할 수 없는 방식이나 이전에 배우지 못한 방식으로 그 순간에 조절할 수 있다는 기대를 하기도 한다. 또한 치료자는 아동이 트라우마 경험을 놀이로 표현하는 중에 그에 상응하는 신경계가 활성화될 때, 강렬함을 조절하는 데 지원이 필요하다는 것을 잊곤 한다. 요약하면, 아동의 신경계를 재구성하기 위해서는 먼저 외부 조절자, 즉 조절 불능 상태의 신경계를 통합하는 데 도움을 줄 수 있는 사람이 필요하다. 강렬함을 통합하는 과정은 치료자와 먼저 시작해야 한다.

다섯 살부터 놀이치료를 포함하여 여러 치료를 수차례 받았으나 별다른 성과가 없었던 애드리언이 열두 살이 되었을 때 마지막으로 나에게 의뢰되었다.

애드리언은 네 살 때 러시아에서 입양된 여아다. 나를 만나기 전, 자폐증, 반응성 애착 장애, 주의력 결핍 장애, 여러 발달 지연 진단을 받았다. 양부모는 애드리언이 입양되기 전에 학대를 받았을 것으로 의심하였다. 아이는 매우 감정적으로 반응하였고 부모를 때리거나 자신을 때리거나 집안의 반려동물을 다치게 하는 등의 행동을 보였다. 휴식과 수면에 어려움이 있었으며, 아이의 신경계는 끊임없이 투쟁-도피 반응을 보이는 것 같았다. 예상대로, 아이는 타인을 신뢰하지 않았고, 눈 맞춤이 잘되지 않았으며, 활동에 오랫동안 집중하는 데 어려움을 겪었다. 애드리언은 끊임없이 움직였다. 양부모는 아이와 함께하는 생활이 언제든 폭발할 수 있는 시한폭탄을 안고 있는 것 같다고 묘사했다. 아이의 공격성을 몇 년간 겪은 양부모는 아이와 함께 있으면서 더는 안전함을 느끼지 못했다.

초기 몇 회기 동안, 애드리언은 아기 인형과 동물 인형이 계속해서 다치거나 공포에 빠지는 상황을 연출하는 식으로 공격, 압도, 두려움으로 가득 찬 놀이를 펼쳤다. 놀이를 할 때 애드리언의 신경계가 교감신경계의 활성화로 들어가고 나오는 것을 관찰했다. 아이의 놀이를 관찰하고 추적하는 동안 내 몸에서도 교감신경계가 활성화되는 것을 느꼈다. 그뿐만 아니라 애드리언이 자신과 연결되고 안정되는 것이 얼마나 어려운지를 보았다. 애드리언은 통합되지 않은 트라우마 때문에 이를 완전히 내려놓아도 안전하지 않을 거라는 두려움을 느꼈다. 이로 인해 애드리언은 투쟁-도피 상태에 머무를 수밖에 없었다.

애드리언의 양부모를 만났을 때, 아이를 도우려면 아이의 신경계를 재패턴화하는 것뿐만 아니라, 애드리언의 삶에서 트라우마가 된 경험을 애드리언이 통합하도록 돕는 것이 필요함을 언급하였다. 부모에게 뇌와 신경계의 상태를 설명하였고 애드리언이 뇌의 더 원시적인 영역으로 반응하고 있으며, 내적 경험을 조절하는 능력이 낮음을 이해할 수 있도록 도왔다. 이런 이유로 아이가 진정되지 못하고 공격적인 행동을 하는 것으로 설명했다. 또한 생물학적으로는 열두 살이지만, 실제로는 영아기에 해당하는 정서적 수준에 머물러 있음을 언급하였다. 그리고 내가 도움을 줄 수 있을 것이라는 희망과 신념을 전달했다.

놀이치료실에서 애드리언은 그동안 자신이 내적으로 겪었던 강렬함을 통합하고 뇌를 재배선하여 더 강력한 조절 능력을 발휘하기 위하여 외부 조절자의 도움이 필요했다. 나는 애드리언의 외부 조절자가 되었고, 양부모에게도 같은 방법을 가르쳤다.

애드리언의 놀이에서 강렬함과 공격성이 나타날 때마다, 나는 이 책에 제시한 것을 실천했다. 놀이치료실에서의 강렬함에 다가가고 애드리언의 조절 체계를 다루기 위해 다양한 조절 활동에 참여했다. 그뿐만 아니라 애드리언의 적응을 돕기 위해, 관찰 진술로 애드리언이 무엇을 하고 있고, 무엇을 가지고 놀고 있는지를 다양하게 언급하였다.

애드리언이 아기 인형을 인형집에 홀로 두었을 때, 나는 "아기가 혼자 있구나."라고 언급했다. 그러자 아기는 2층 난간 쪽으로 기어가 난간을 오르기 시작했다. "이 집에는 아기를 보호해 줄 사람이 아무도 없네." 그러자 애드리언은 인형을 2층에서 던져 버렸다. "아기가 떨어졌어!" 인형은 그 자리에 움직이지 않고 누워 있었다. "아기가 다쳤을 수 있어! 그런데 도와줄 사람이 없잖아. 아기가 혼자 있는데 다쳤을지도 몰라." 이런 식으로 관찰 진술을 통해 애드리언의 놀이를 추적하면서 내가 놀이에 집중하고 있고 함께하고 있다는 것을 알려 주었다. 애드리언은 회기 내내 말없이 놀이를 했고, 나는 계속해서 아이의 놀이를 추적하는 반응을 하였다.

놀이 중에 아기나 동물 인형이 다칠 때마다, 애드리언은 또 다른 아기나 동물 인형이 다치는 놀이 장면을 빠르게 전환하여 연출했다. 잠시도 멈추지 않고 연속해서 놀이가 이어졌다. 애드리언의 신경계는 교감신경계가 활성화된 상태로 유지되었다.

나는 애드리언의 놀이를 지켜보는 동안, 교감신경계가 계속 활성화되는 상황에서 내 몸이 쉬고 싶어 하는 것을 느꼈다. 그러나 놀이가 계속해서 트라우마 장면 하나에서 또 다른 장면으로 계속 이어지는 바람에 쉴 수가 없었다. 얼마 지나지 않아 이것이 애드리언의 세계임을 깨달았다. 애드리언은 쉬고 싶지 않은 것이 아니라 실제로 쉴 수가 없었다. 아이는 마음속으로 무언가 나쁜 일이 일어날 수도 있다고 생각했기 때문에, 아이에게 쉬는 것은 안전하지 않았다. 놀이 중에 나는 애드리언에게 내 몸의 경험을 설명했다. "선생님 몸이 좀 피곤해지는 것 같아. 잠시 멈추고 싶은데 그럴 수가 없네. 계속 긴장하고 있어야 할 것같아." 그런 다음 나는 숨을 크게 들이쉬고 길게 내뱉었다. 숨을 길게 내쉬는 것은 애드리언에게 긴장을 풀어도 괜찮다는 신호였으며, 아이의 신경계가 안정을 찾아도 된다는 메시지였다. 이는 또한 내 신경계를 조절하고 배쪽 미주신경의 활성화 상태를 유지하는 데도 도움이 되었다. 이 이야기의 핵심은 내가 놀라울 정도로 현재에 집중하고 조절을 유지하고 있으면서 내 경험을 진솔하게 표현했을 때, 애드리언이 나를 바라보고 눈 맞춤을 시도했다는 것이다. 아이는 내 신경계의 조절 기능을 활용하여 자신의 상태를 조율하고 있었으며, 이 과정에서 안전함을 느끼게 되었다. 이 시점은 상담 과정에서 중요한 전환점이었으며, 나는 아이의 신경계가 진정되어 가는 첫 징후들을 보기 시작했다.

외부 조절자 역할을 할 수 있는 치료자의 능력은 아동의 놀이가 단순 반복에 그치지 않고 통합되도록 하는 데 도움이 된다. 애드리언의 놀이에 나의 조절 능력을 더하고, 내 경험을 애드리언과 공유하고자 하는 모습을 보여 줌으로써, 애드리언이 나에게 이해받고 있음을 느낄 수 있게 하였다. 나 자신을 먼저 조율한 다음에 애드리언에게 조율했으며, 애드리언은 내 신경계의 조절 기능을 활용하여 나에게 조율하고 자기 자신을 조율할 수 있었다. 이때 반복되던 놀이가 멈추면서 놀이에 변화가 일어났다.

네 번째 회기에서, 애드리언은 놀이에서 아기가 잠을 자야 할 시간이라고 말했다. 아기는 15초 동안 잠을 잤다. 이때부터 변화가 시작되었다. 그다음 몇 회기 동안, 휴식에 대한 주제가 놀이에 드러났다. 애드리언은 놀이에서 아기가 되었다. 누워서 잠을 자려고 할 때 불안한 반응을 보였다. 나는 외부 조절자로서 숨쉬기를 계속했다. 때로는 노래를 흥얼거렸다. 때로는 아이 옆에 앉아서 부드럽게 몸을 움직이기도 했다.

나는 애드리언이 나에게 조율하고 있다는 것을 알게 되면서, 나 자신과 연결된 상태를 유지하면서 아이와 확고하게 연결된 상태를 유지했다. 애드리언이 나의 조절 능력을 활용할 때마다 이를 실천했다. 애드리언을 아기처럼 안아서 흔들어 줄 수는 없었지만(생애 초기에 어떤 학대를 받았는지 정확히 알 수는 없었지만, 아이가 원했다면 안전을 최우선으로 하면서 그런 경험을 만들어 줄 방법을 찾았을 것이다), 조율하는 양육자로서 아이가 휴식을 취하고 안전하게 느낄 수 있는 데 필요한 모든 것을 계속해서 할 수 있었다. 애드리언의 어머니를 부르려고 놀이치료실에서 대기실로 나가던 날이 기억난다. 어머니를 보자마자 "애드리언이 잠들었어요."라고 말했다. 어머니는 그 말의 의미를 깨닫고 눈물을 글썽였다. 놀이치료실로 들어온 어머니는 퇴실 전까지 남은 15분 동안 잠들어 있는 애드리언 옆에 앉아서 호흡을 맞췄다.

이것이 공격성 통합과 어떤 연관이 있는지 의아해할 수도 있으나 모든 것은 공격성 통합과 연관되어 있다.

 핵심 요약

- 조절은 마음 상태를 알아차리는 순간에 발생한다. 그렇다고 해서 차분한 상태를 의미하는 것은 아니다.
- 모든 행동은 조절을 시도하는 것이며, 공격성도 포함된다.
- 놀이치료 회기 동안, 아동은 치료자의 조절 능력을 빌려서 자신의 혼란스러운 내적 상태를 통합하려고 시도한다.
- 강렬함을 통합하는 첫 단계는 치료자가 외부 조절자가 되는 것이다.
- 놀이치료실에서 공격성 촉진하기의 목표는 침착해지도록 하는 것이 아니라, 아동이 자신의 조절 불능 상태에서도 자신과 연결되어 있도록 도와주는 것이다. 이를 통해 아동은 그 상황에 지배당하지 않으면서 자신의 상태를 느끼는 것을 배울 수 있다.

chapter 05 외부 조절자로서의 역량 키우기

이 책은 놀이치료실에서 발생하는 강렬함을 담아내는 치료자의 역량을 다룬다. 치료자가 이런 역량을 발휘할 때 아동은 자신의 내적 상태에 다가갈 수 있다. 이와 함께 외부 조절자로서의 역할을 잘 해냄으로써 아동은 강렬함을 통합할 수 있게 되고 공격적인 놀이도 치료적으로 전환된다. 1장에서 언급했듯이 이 작업은 치료자부터 시작한다. 중립적인 관찰자가 되어야 한다고 강조했던 기존의 패러다임에서 벗어나, 치료 과정에서 적극적인 참여자가 되어야 한다.

이 장에서는 치료자가 공격성에 대한 자신의 '관용의 창(window of tolerance)'을 넓히고 외부 조절자로서의 역량을 키우기 위해 스스로 할 수 있는 다양한 단계를 안내할 것이다.

성장에 대한 헌신

놀이치료사가 되려면 내담 아동에 대한 헌신뿐만 아니라, 치료자 자신과 개인의 지속적인 성장에 대한 헌신도 필요하다. 아동의 치유를 돕는 용기 있는 역할을 맡으려면, 치료자 자신의 치유에도 적극적으로 개입해야 한다. 아동을 상담하려면 아동이 상담 회기에 가져오는 것을 버텨 줄 수 있는 역량을 지속해서 강화해야 한다. 상담 회기 중에 불편한 생각이 들거나 불편한 감정과 감각을 느끼더라도 치료자는 내담 아동을 피하거나 내담 아동에게 융합되지 않으면서 아동과 연결된 상태를 유지하는 방법을 배워야 한다. 아동이 놀이를 하는 동안 치료자의 뇌가 인식하는 위협의 정도에 따라, 어떤 놀이에는 자연스럽게 다가갈 수도 있지만, 반대로 가까이하고 싶지 않은 놀이가 있을 수도 있다. 이러한 이유로, 치료자는 공격성과 관련된 자신의 대인관계와 발달사 및 치료자 내면에 치유되지 않고 남아 있는 것을 지속하여 살펴볼 필요가 있다.

아동이 공격적인 놀이를 하는 동안 치료자가 외부 조절자 역할을 할수 있는 역량을 개발하기 위해서는 두 가지 핵심 요소가 필요하다.

- 치료자는 자신의 몸에서 발생하는 것을 기꺼이 느낄 수 있어야 한다. 회피하거나 압도되지 않아야 한다.
- 치료자는 공격성과 관련된 개인적인 두려움과 과거 경험을 다루어야 한다.

느끼면서 조율하기

외부 조절자가 되기 위해서는 조율할 수 있는 능력이 필요하다. 내담자를 조율하려면 치료자 자신의 신체적·정서적 상태가 개방되어 있어야 한다(Schore, 1994; Siegel, 2007). 이는 치료자가 놀이치료실에서 발생하는 모든 것을 알아내려고 하기보다는, 일어나고 있는 일을 느끼기 시작해야 함을 의미한다. 나는 지도 학생들에게 생각을 멈추고 몸으로 느껴 보라고 말한다. 치료자는 자신의 몸을 통해 그 순간에 필요한 모든 정보를 얻어 내는 것이 가능해진다. 이렇게 생각해 보자. 아기가 울고 있을 때, 조율하는 양육자는 상황을 중단시키거나 분석하지 않는다. 그들은 아기를 들어 올려서 흔들어 주고, 소리를 내고, 토닥거려 주면서 그다음에 할 일을 본능적으로 찾는 등 아기를 달랠 수 있는 가장 나은 방법을 찾으려고 시도한다. 이때 참고할 수 있는 지도(map)는 없으며, 매 순간 조율을 통해서만 무엇을 해야 할지 알 수 있다. 이를 효과적으로 수행하는 양육자는 각 상황을 겪으면서 해결책을 찾아 나간다. 공격적 놀이를 촉진하는 것도 이와 매우 유사하다.

놀이를 분석하기보다는 느껴 보자.

다섯 살 조쉬는 내 품에 아기 인형을 안겨 준 다음에 병원놀이 놀잇감을 건네주었다. 그런 다음에 방 한쪽에 나를 남겨 둔 채 창가로 걸어갔다. 그 순간 나는 혼란스러웠다. 왜 갑자기 아기를 안겨 준 것일까? 이 놀잇감으로 무엇을 해야 하지? 조쉬는 왜 멀리 떨어져서 창밖을 바라보고 있는 거지? 마음속으로 여러 가지 생각을 한창 하고 있을 때, 조쉬가 나를 바라보며 "리사 선생님, 어서요. 선생님은 걱정을 해야 해요!"라고 말했다. 나는 매우 혼란스러웠고 그 상황을 이해하려고 너무 애쓰는 바람에, 내가 느끼는 감정에 집중하지 못했다. 나는 나 자신이나 아이를 조율하지 않았다. 무슨 일이 일어나고 있는지 분석하는 데 너무 열중했기 때문이다. 그 순간 나는 내 몸과 분리되어 있었다. 이 때문에 아이가 나에게 느끼게 하려던 것을 나는 느끼지 못했다. 조쉬는 자신의 놀이를 멈추고 나를 이해시켜야만 했다. 이 사례는 치료자가 느끼려는 의지가 없을 때 무슨 일이 일어나는지를 보여 준다. 아동은 '놓치는' 느낌을 받을 뿐만 아니라, 치료자가 '이해하도록' 더 많은 시간을 써야 한다.

이와 같은 조율되지 않은 순간이 나쁘지만은 않다. 왜냐하면 이 순간에 조쉬는 대인 관계에서 매우 효과적인 기술에 해당하는 욕구 주장하기를 써 볼 수 있었기 때문이다.

나는 조쉬의 말을 듣자마자 내 몸에 주의를 기울이고 아이와 함께하는 놀이에 집중하기 시작했다. 그러자 아이가 나에게 느끼게 하려고 했던 불안함을 느꼈다. 조쉬는 내가 아기의 상태가 어떤지 모르는 상황에서 불안함을 느껴 보게 했다. 조쉬는 자신의 마음을 내가 이해할 수 있도록 놀이 상황을 만들었다. 조쉬는 자신이 느끼는 것을 내가 직접 느끼게 하고 싶었고, 이를 위해 놀이 경험 속에서 나의 진정성 있는 정서 반응을 끌어내려고 했다.

조쉬와의 조율은 나 자신과의 조율에서부터 시작되었다.

강렬함에 다가가기

내담자의 고통스러운 기억과 감정 상태가 재활성화되고 그 정도가 관용의 창을 벗어날 때, 내담자는 강렬함을 피하고자 그 감정에서 멀어 지려고 시도할 것이다(Siegel, 2010). 경험으로부터 멀어지는 행위는 위 협이나 도전이 있다는 인식을 뇌에 강화시켜 신경계를 조절 불능 상태 에 빠지게 한다. 치료자도 마찬가지다. 치료자가 자신의 신체적, 정서 적, 인지적 상태를 경험하려는 의지 없이 이러한 내적 경험을 조절하려 고 한다면, 이러한 상태에서 멀어질 것이다(Schore, 1994). 그 결과 내담 자는 안전감을 느끼지 못하고 치료자에게 이해받지 못한다고 느낄 수 있다(Siegel, 2010).

치료자가 놀이 중에 자신의 내면에서 발생하는 변화를 느끼지 못하 거나 느끼려 하지 않는다면, 특정한 감정이나 몸의 감각으로부터 멀어 질 가능성이 커질 것이다. 이때 어떤 방식으로든 그것을 멈추게 하거 나 부인할 수도 있고, 정서적 반응을 과도하게 보이기도 한다. 강렬함 에 다가가려면 치료자가 자신의 몸에서 발생하는 것을 느끼면서 동시 에 그것을 조절할 수 있어야 한다. Dales와 Jerry(2008)는 힘들고 강렬 한 상태에 다가가는 치료자의 중요성을 다음과 같이 설명한다.

어머니가 자신의 조절되지 않은 상태를 조절하려고 고군분투하는 모습을 아이에게 암묵적으로 모델링하는 것처럼, 치료자는 내담자를 공감적으로 공 명할 수 있어야 하며, 내담자의 힘들고 강렬한 상태를 심리생물학적으로 느 낄 수 있어야 한다. 이러한 자기 관리 능력이 없는 치료자는 내담자의 조절

을 도울 수 없다. 이러한 작업은 치료 상황에 참여하는 두 사람 모두의 깊은
헌신과 치료자의 깊이 있는 정서적 개입을 요구한다(Dales & Jerry, p. 300).

Allan Schore도 치료자가 아동의 각성 상태를 조절하려면 아동의 고
통과 부정적인 정서 상태뿐만 아니라 긍정적인 정서 상태에도 주의를
기울이고 조율할 수 있는 능력을 갖추어야 한다고 설명했다(Bullard,
2015). 이는 조율이 발생하기 위해서는 치료자가 자신의 내적 경험에
다가가려는 의지가 있어야 하며, 아동이 느끼는 모든 감정을 자신의 몸
을 통해 느낄 수 있어야 한다는 것을 의미한다.

치료자의 배쪽 신경계로 포용하기

솔직히 말하면 놀이치료 회기 중에 치료자가 자신의 몸에서 일어나
는 반응을 느끼는 것은 불편할 수 있다! 비록 불편하더라도 이는 매우
필요한 일이다.

몸에서 어떤 반응이 일어날 때 자신의 불편함을 견디지 못하는 치료
자는 아동의 불편함을 받아들이는 데 어려움을 겪을 것이다. 그러므로
치료자는 자신의 몸과의 관계를 계속 강화하고, 자기 자신과 연결을 유
지하면서 느낄 수 있는 능력을 확장하는 것이 중요하다.

이러한 중요성을 다르게 표현해 보고자 한다. 놀이 중에 불편한 생
각, 감정, 감각을 느끼는 아동에게는 그들의 관용의 창(window of
tolerance)보다 넓은 치료자의 관용의 창이 필요하다. 다시 말해, 치료
자는 자신의 조절 능력으로 아동을 포용할 수 있어야 한다(Badenoch,

2017; Kestly, 2016). 이를 통해 아동은 치료자가 배쪽 신경계를 활성화하여 자신을 포용하고 있다는 것을 알게 되면서, 자신의 감정을 더 깊이 들여다볼 수 있게 된다. 배쪽 신경계 포용은 Bonnie Badenoch의 저서 『트라우마의 심장(The Heart of Trauma)』(2017)에 수록된 아래 그림을 통해 이해할 수 있다. 아동과 치료자의 '관용의 창'이 만나 하나로 결합된 관용의 창이 형성된다. 이 시점에서 아동은 치료자의 조절하에 교감신경계의 각성과 등쪽 부교감신경계의 붕괴를 탐색할 수 있다.

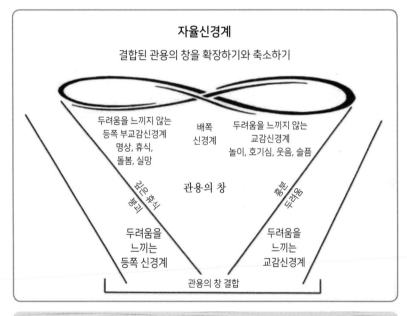

그림 5-1 자율신경계

출처: Bonnie Badenoch의 『THE HEART OF TRAUMA: HEALING THE EMBODIED BRAIN IN THE CONTEXT OF RELATIONSHIPS』에서 인용. 저작권 ⓒ 2018 Bonnie Badenoch. W. W. Norton & Company, Inc.의 허가를 받아 사용됨.

치료자가 배쪽 신경계 포용으로 아동을 보호하면서 아동의 강렬함을 버텨 줌으로써 아동은 자신의 관용의 창이 확장되는 것을 경험하게 된다. 공감적으로 풍부한 대인 관계 결합을 통해 이러한 순간들을 상호주관적으로 경험하는 것이다(Marci et al., 2005). 이와 같은 대인 관계 결합을 통해 우리의 신경계는 수차례에 걸쳐 동기화되었다가 해제되고 다시 동기화되는 과정을 반복한다(Badenoch, 2011).

몸과의 관계를 개발하기

느끼고 조율하는 능력을 개발하기 위해서는 몸에 집중하는 시간을 보내는 것이 중요하다(Van der Kolk, 2015). 하루 동안 내면에서 발생하는 감각과 감정을 잘 알아차려야 한다. 치료자에게 자신의 몸은 가장 중요한 자원이다. 몸은 치료자 자신, 내담자 그리고 어떤 순간에 치료자와 내담자 사이에서 발생하는 일을 이해하는 데 필요한 모든 정보를 담고 있다. 자신의 몸과 관계를 맺지 못하는 치료자는 꿰다 놓은 보릿자루처럼 놀이치료실에서 어색하고 불편한 상황을 겪는다.

자신의 몸을 신뢰하고 몸이 보내는 신호에 귀를 기울이는 방법을 배우는 것도 중요하다. 많은 사람에게 이는 어려운 일이다. 삶의 여러 경험과 메시지가 몸과의 연결을 끊어지게 하고 몸에 집중하는 시간을 두려워하게 만들 수 있다. 학대, 의료적 트라우마, 신체상에 대한 메시지, 화나거나 슬플 때 듣는 "그냥 이겨 내."와 같은 말은 감정을 회피하는 대처 전략을 개발하게 만든다.

만약 몸과의 연결이 단절되었다고 느낀다면, 원래의 상태로 돌아오기를 바란다. 몸과 잘 연결되어 있다면, 그 관계를 더욱 굳건히 하는 것을 권장한다.

　힘든 정서 상태를 견딜 수 있고 몸과의 연결을 더욱 강화하는 데 도움이 되는 여러 가지 운동이 있다. 내가 선호하는 운동을 몇 가지 소개하고자 한다.

- 요가, 동양 무술, 명상 댄스: 몸을 움직이면서 몸 전체의 다양한 감각을 느껴 본다. 발, 엉덩이, 목에서 어떤 감각이 느껴지는지 주의를 기울여 본다. 몸에서 긴장된 부위를 알아차리면, 호흡하면서 그 부위에 더 많이 집중하는 연습을 해 본다. 주의를 기울이고 싶지 않은 신체 부위가 있는지도 살펴보고 그 이유를 점검한다.
- 접촉: 사랑하는 사람에게 신체 접촉을 받아 보거나 안전한 성인에게 마사지를 받아 본다. 신체 접촉을 받는 동안 자신의 몸에 집중해 본다. 피부에 닿는 느낌을 살펴보며 압력이 있는지 없는지 알아차린다. 근육과 관절의 상태도 느껴 본다. 접촉을 느끼면서 동시에 떠오르는 생각들에도 주의를 기울여 본다. 단, 접촉이 불편하거나 다른 경험을 원한다면, 말로 표현하고 자신의 경험을 설명하는 연습을 해 본다. 자신의 몸이므로 필요하다면 "싫어요."라고 말할 수 있다. 또한 원하거나 필요한 것이 있다면 더 요청할 수도 있다.
- 감각을 극대화하기: 이것은 감각을 자극하는 다양한 활동에 참여하고 경험에 마음을 집중하는 방법으로 할 수 있다. 예를 들어, 음악을 듣고 리듬의 미묘한 변화를 느끼면서 여러 악기의 소리에 주의를 기울인다. 의식적으로 음식을 먹는 것도 도움이 된다. 먹을 때

천천히 집중하며 질감, 맛, 입안에서 느껴지는 경험에 집중한다. 목욕이나 수영도 좋은 활동이다. 물에 둘러싸인 몸을 느끼고 물속에서 움직임을 경험할 수 있다. 여러 예시가 있으니 창의적으로 생각해 보기 바란다.

● 마음챙김 호흡: 혼자 10분 동안 앉아서 모든 감각을 느껴 본다. 그저 앉아서 숨을 쉬면서 주의를 기울여 본다. 앉아 있는 동안 떠오르는 생각들을 알아차린다. 그저 지켜보기만 한다. 머릿속에 떠오르는 생각들에 빠져들려는 충동을 알아차린다. 몸에서 발생하는 다양한 감각으로부터 멀어지거나 가까워지려는 충동에 주의를 기울인다. 앉아 있는 동안 생겨나는 정서적 반응에 주의를 기울이면서 그 어떤 방식으로도 변경하지 않고 있는 그대로 받아들이며 그 상태에 머물러 있을 수 있는지 점검한다.

● 마음챙김 걷기: 내가 가장 좋아하는 활동 중 하나는 자연 속에서의 마음챙김 걷기다. 밖에서 걸을 때는 먼저 몸에 주의를 기울인다. 걸으면서 호흡과 호흡의 질에 주목한다. 발이 땅에 닿는 감각을 느끼며 걷는 것이 어떤 느낌인지 마음속으로 새겨 본다. 관절이 움직일 때 생기는 다양한 감각을 알아차린다. 그저 몸의 반응에 주의를 기울이는 시간을 가져 본다. 그런 다음, 주의를 외부로 전환하여 주변 세계를 느껴 본다. 피부로 온도를 느껴 보고 주변의 색상에 주의를 기울인다. 시야에 들어오는 다양한 형태와 움직임에 집중한다. 귀를 열고 들리는 소리에 집중하면서 마음챙김을 하며 듣는 것이 어떤 느낌인지 경험해 본다.

● 멈추고, 호흡하고, 느껴 보기: 견디기 어려운 감정이 들끓을 때 단순하게 반응하는 것이 쉬울 수 있다. 몸이 조절 불능 상태임을 느끼

기 시작할 때 잠시 멈추어 보자. 잠시 멈추고 숨을 깊게 들이쉰다. 몸에 주의를 기울이면서 조절 불능 상태를 느껴 본다. 몸 안의 에너지를 느껴 본다. 다시 한번 숨을 들이쉬며 불편한 감정에 접근한다. 다시 숨을 쉬고 한 번 더 다가가 본다. 호흡하고 느끼면서 계속 집중한다. 주의가 흐트러지려고 할 때, 한 번 더 호흡하면서 다시 한번 집중해 보려고 노력한다. 직전보다 조금 더 깊게 느껴 본다.

이러한 활동은 자기 자신과 더 깊은 관계를 맺게 할 뿐만 아니라, 이중 주의(dual attention) 연습에도 도움이 된다. 이중 주의란 동시에 두 가지에 주의를 기울 수 있는 능력을 의미한다. 치료에서 이중 주의는 조율에 필수적이며, 치료자는 어떤 순간에도 자기 자신과 내담 아동 모두를 알아차릴 수 있어야 한다. 아동의 놀이로 인해 감정과 신체에 변화가 느껴지더라도, 놀이 속 이야기가 실제로 일어나는 것이 아니라는 알아차림도 유지해야 한다. 내담 아동과 아동의 이야기에 지나치게 집중해 버리면, 자신과의 연결을 잃게 될 것이다. 반대로, 치료자가 자신에게 지나치게 집중하여 내면의 정서에 몰두하게 되면, 내담 아동과의 연결이 끊어질 것이다.

앞서 언급한 어떤 활동에서든 자신과 외부의 무언가에 동시에 주의를 기울이면서 이중 주의력을 발휘할 수 있다. 예를 들어, 요가 수업을 받을 때 요가 동작에서 느껴지는 몸의 감각에 주의를 기울임과 동시에 다른 수강생에게도 주의를 기울일 수 있다. 자기 자신 및 주변 세계와 더 깊은 관계를 맺는 데 도움이 되는 어떤 활동에서도 이중 주의를 연습할 수 있다.

알아차림과 조절 능력 증진의 핵심은 자신이 행하는 것과 느끼는 모든 것에 마음챙김(mindfulness)을 적용하는 것이다. 알아차림을 통해 '함께 있기'를 배우게 된다.

구하고자 하는 욕구

치료자는 아동이 불편함을 느낄 때 아동과 함께 있으면서 그 불편함을 느껴 보고 아동과 함께 조절해 나갈 수 있다. 이러한 방식은 치료자가 아동은 불편함을 느끼면 안 된다고 생각하거나, 치료자 자신이 불편함을 견디기 힘들어서 아동을 구해 주고 싶어 하는 것과 차이가 있다. 전자는 통합이지만 후자는 회피에 해당한다.

구하고자 하는 욕구는 의식적이든 무의식적이든 아직 치유되지 않은 자신의 일부를 누군가에게서 인식할 때 드러난다. 이러한 순간에 치료자는 아동의 놀이나 경험을 다른 방향으로 유도하려고 시도한다. 자신의 진정성(authenticity)이 아동에게 부담이 될까 두려운 마음에 진정성 있게 행동하는 것을 피하려고 하거나, 몸에서의 반응을 느끼지 않으려고 아동에게 질문하면서 생각을 다른 곳으로 전환하기도 하고, 아동이 특정 놀이를 그만하도록 유도하기도 한다. 이러한 전략은 아동이 불편함을 느끼지 않도록 하려는 시도이면서 동시에 치료자 자신도 편안함을 느끼려는 시도다.

자세히 살펴보면, 불편한 생각, 감정, 감각과 함께하는 능력이 부족한 것은 이러한 불편함이 어떤 일을 일으킬 수도 있다는 두려움에서 기인한 경우가 많다. 예를 들어, "내 몸에서 일어나는 강렬함을 느끼게 내버려 두면, 나는 그 강렬함에 압도되어 아동 앞에서 울어 버릴지도 몰라." 또는 "내 몸에서 공격성을 느끼게 되면, 그런 내 모습을 본 아동은 나를 싫어하거나 두려워할 수도 있어."와 같은 두려움이 있을 수 있다. 치료자의 이러한 두려움은 대체로 아직 해결되지 않은 과거 경험과 관련이 있다.

두려움에 맞서기

두려움을 느끼게 되면 자기 보호 패턴이 드러나면서, 치료자는 아동과의 연결을 끊고 아동으로부터 자신을 지키려는 방향으로 나아간다. 이러한 순간에 마음챙김과 자기 조절 능력을 발휘하지 못하면, 관용의 창이 좁아져 아동의 조절을 도울 여력이 거의 없어지게 된다.

두려움에 맞서는 방법을 배우게 되면 조절 능력이 향상된다. 이는 강렬함이 발생할 때 치료자가 안전한 신경지(neuroception)를 유지할 수 있게 해 준다. 간단히 말해, 덜 두려워할수록 더 많은 것을 다룰 수 있다. 그렇다고 해서 놀이치료실에 공격적 상황이 발생했을 때 치료자가 두려움을 전혀 느끼지 않는다는 뜻은 아니다. 치료자가 자신의 몸에서 느껴지는 두려움을 인지하고 배쪽 미주신경의 활성화 상태를 유지하면서, 이와 동시에 본능적으로 반응하는 것이 아니라 자신이 하고 싶은 행동과 말을 명확하게 생각할 수 있다는 의미다. 두려움에 맞서면 즉각적인 반응 대신 적절한 대응을 할 수 있게 된다. 또한 현재에 머무르면서 타인과의 연결을 유지하는 데도 도움이 된다.

두려움에 맞서는 방법

두려움은 미래의 어느 시점에서 쾌락보다는 고통, 좋은 것보다는 나쁜 것, 지지보다는 어려움을 더 많이 겪을 것이라고 가정하는 상태다. 이는 주로 잘되지 않았다고 여기는 과거 경험과 연관이 있으며, 미래에도 그때와 유사하거나 같은 결과가 일어날 것이라고 예측한다 (Demartini, 2010).

 생각해 보기

놀이치료실에서 관찰할 수 있는 아동의 공격적 행동이나 공격적 놀이에 대한 여러분의 두려움을 종이에 모두 기록해 보세요.

놀이치료실에서 이러한 두려움을 통합하는 데 간결하면서도 깊이 있는 방법을 소개하고자 한다. 치료자는 이러한 방법을 활용하여 조절을 더 잘할 수 있고 현재 순간에 머물러 있을 수 있다. 2009년에 나의 멘토 John Demartini 박사에게 이 기법을 배웠으며, 이 기법은 내 관용의 창을 확장하고 변화시키는 데 큰 도움이 되었다. (John Demartini 박사나 그의 연구에 대한 자세한 정보는 drdemartini.com에서 확인할 수 있음)

John Demartini 박사의 저서 『Inspired Destiny』(2010, p. 139)에 제시된 훈련은 다음과 같다.

● 발생할 수 있는 두려운 상황을 떠올려 본다. 예를 들어, "내가 정서적으로 압도되는 바람에 수치심을 주는 듯한 제한설정을 할까 봐 두렵다."라고 기록할 수 있다.

- 이 상황이 실제로 일어났을 때 얻을 수 있는 20~50가지 이점을 떠올려 본다. 예를 들어, "아동과 관계를 재구축하고, 책임감 있는 행동을 모델링할 수 있다. 이는 내 관용의 창을 점검하고 어떤 부분에서 조절이 더 필요한지를 알 수 있는 기회다."와 같은 이점이 있다. 이점을 찾기 위해 사용할 수 있는 질문의 예시는 다음과 같다. "이 두려움이 현실이 되면 나에게 어떤 도움이 되고 무엇을 가르쳐 주며, 나를 어떻게 도와주고, 나의 성장을 어떻게 지원하는가?" "이 두려움이 현실이 되면 내담 아동에게 어떤 도움이 되고, 무엇을 가르쳐 주며, 아동의 성장을 어떻게 지원하는가?"

- 두려워하는 일이 일어나지 않았을 때 얻게 되는 20~50가지 단점을 기록한다. 예를 들어, "내담자와의 관계를 회복할 기회를 놓칠 수 있다. 이로 인해 아동에게 성인이 책임지는 모습을 보여 줄 수 있는 치료적 순간을 놓치게 될 수도 있다. 내가 스스로를 조절하는 법을 배울 기회를 놓쳐 강렬함이 발생하는 상황에서 아동에게 외부 조절자가 되어 주지 못한다."

최악의 상황조차도 실제로 치료자 자신에게 이득이 될 수 있다는 것을 뇌가 인식하게 되면, 두려움이 통합되면서 치료자는 더 조절된 상태로 돌아갈 수 있다. 이 훈련은 매우 효과적이기는 하나 두려움을 유발하는 과거 경험을 통합하는 작업을 대신해 주지는 않는다.

공격성에 대한 신념

성인 애착 면접(Adult Attachment Interview: AAI; PESI, 2012)을 통해 밝혀진 바에 따르면, 아동과 양육자 간 애착 안정성 수준을 예측하는 가장 높은 지표는 양육자의 자신에 삶에 대한 이해다. 사건 그 자체보다는 그 사건에 의미를 부여하는 방식이 더 중요하다. 즉, 과거 경험을 일관성 있고 통합된 이야기로 표현할 수 있으며, 과거 경험이 자신의 정체성 형성에 미친 영향을 말할 수 있어야 한다. 안정 애착을 형성한 성인은 자신의 삶에서 일어난 사건의 긍정적 및 부정적 측면과 이러한 사건이 자신의 성장과 삶의 여정에 어떠한 영향을 미쳤는지를 공유하였다(Siegel, 1999).

AAI를 활용한 연구에서는 과거 사건이 자신에게 어떠한 영향을 미쳤는지를 이해하는 성인의 능력이 애착에 가장 중요한 요인으로 밝혀졌다. 안정 애착을 형성한 성인은 자신의 삶에서 겪은 도전적인 사건에 의미를 부여할 수 있었다.

놀이치료실에서 아동은 이러한 안정 애착을 형성한 놀이치료사에게 큰 매력을 느낀다. 그 이유는 이런 치료자는 아동의 놀이를 구해 주려고 하거나 회피하거나 중단하려는 욕구가 적기 때문이다. 대신 이들은 아동이 공격적인 모습을 보일 때 그 순간에 집중하면서 안정된 상태를 유지함으로써 아이에게 안전한 느낌을 줄 수 있다.

이는 공격적 행동을 다루는 놀이치료사에게 상당한 중요성을 지닌다. 공격성이 놀이치료실에 나타날 때 발생하는 강렬함을 버터 낼 수 있는 치료자의 능력은 치료자가 과거에 유사하게 느꼈던 경험을 얼마나 잘 통합했는지와 직접 연관되어 있기 때문이다. 다른 방식으로 표현하자면, 치료자가 자신의 과거 경험을 얼마나 잘 통합하느냐에 따라, 현재를 얼마나 감당할 수 있는지가 결정된다.

치료자의 과거 경험이 미치는 영향

결론적으로 치료자가 자신의 공격성을 어떻게 인식하며, 타인의 공격성을 목격하는 것과 자신에게 향하는 공격성을 어떻게 인식하는지는 현재에 머물며 안정을 유지하는 능력과 아동의 외부 조절자가 되는 능력에 영향을 미친다.

과거 경험이 놀이치료실에서의 공격성 대응에 영향을 미치거나, 공격성을 해롭고 무의미한 것으로 여긴다면 문제가 될 수 있다. 이런 경우, 공격성을 멈추려는 욕구가 앞서 치료적 경험으로 전환하는 데 필요한 전략과 기술을 사용하기 어려워진다.

공격성에 대한 자신의 신념과 관계를 탐색하는 데 도움이 되는 몇 가지 질문을 아래에 제시하였다. 아래의 질문을 활용하여 일기 쓰기, 그림 그리기, 생각하기, 토론하기 등에 시간을 쓰면서 자신의 경험을 정리해 보기 바란다.

- 놀이치료실에 있을 때 공격성에 대한 안정감 수준은 현재 어느 정도인가?
- 공격적인 놀이를 목격하는 것과 공격적인 놀이에 적극적으로 참여하는 것 중 어느 것이 더 어려운가? 왜 그런가?

- 놀이치료실에서 공격성이 나타날 때 치료자인 나는 보통 무엇을 하나? 왜 그런가?
- 놀이치료실에서 아이가 공격적으로 행동할 때 내 몸에서는 무슨 일이 일어나는가?
- 내 인생에서 겪은 공격성을 떠올려 봤을 때 아직 해결되지 않은 것 같은 기억이 있는가? 그 기억 중 가장 나쁜 부분은 무엇인가?
- 어린 시절에 공격적이라 여겨지는 어떤 것을 했을 때 주변의 반응은 어땠는가? 주변의 반응이 나에게 어떤 영향을 미쳤으며 공격성에 대한 나의 신념에 어떤 영향을 미쳤는가?
- 과거 내 삶에서 내가 공격자였던 경우가 있었는가? 이로 인해 죄책감이나 수치심을 느끼고 있는가?
- 현재 내 삶에서 나는 어디에서 공격성을 드러내는가? 이로 인해 죄책감이나 수치심을 느끼고 있는가?

사건 자체보다는 그 사건을 어떻게 이해하는지가 궁극적으로 가장 중요하다. 공격성과 관련된 경험을 어떻게 생각하는지는 공격성에 대한 신념에 영향을 미친다. 공격성이 나쁘거나 무서운 것이라는 신념은 놀이치료실에서 발생하는 공격성을 다루는 방식에 영향을 미칠 것이다. 자연스럽게 두려움을 더 많이 느낄 것이고, 보호 패턴이 더 두드러질 것이다. 이때 뇌는 안전을 지키고자 한다. 공격성을 두려워하는 치료자는 이 책에 제시된 방식을 연습하는 것이 더욱 중요하다. 그래야 상담 회기 중에 두려움을 느끼거나 조절 불능을 느끼기 시작할 때 조절된 상태를 유지하면서 상담을 할 수 있다.

공격성과 관련된 자신의 경험을 치유하는 데 필요한 작업을 지속하

기를 바란다. 이는 아동 내담자들에게 줄 수 있는 가장 큰 선물 중 하나
로, 놀이치료실에서 발생하는 아이들의 공격성을 버텨 줄 수 있게 해
준다. 내담 아동은 자신이 공격성을 보일 때 치료자가 그 순간에 머물
러 주기를 바란다. 이는 치료자가 자신의 몸에서 발생하는 변화를 인
식하고 조절하면서, 동시에 내담 아동의 외부 조절자 역할을 하는 것을
의미한다. 이를 통해 내담 아동은 치료자의 조절 능력을 빌려 자신의
공격성을 다룰 수 있게 된다.

 핵심 요약

- 놀이치료실에서 치료자의 몸은 치료자에게 가장 중요한 도구이므로 몸과의
  관계를 발전시키는 것이 중요하다.
- 조율: 놀이를 머리로 생각하지 말고 몸으로 느껴 보기 바란다.
- 아동이 조절 불능 상태에 있을 때 이를 버텨 주면서, 아동이 조절할 수 있도록
  도우려면 치료자의 관용의 창이 아동의 관용의 창보다 넓어야 한다.
- 아동의 놀이를 구해 주거나 그만두게 하려는 욕구는 치료자 자신에게 치유되
  지 않은 부분과 관련이 있다. 아동의 고통이 치료자의 고통을 떠올리게 한다.
- 공격성은 나쁜 것이고 멈추어야 하고 통제되어야 하며 무서운 것이라는 치료
  자의 신념은 놀이치료실에서 공격성이 나타났을 때 그 순간에 머무를 수 있
  는 능력에 영향을 미칠 것이다.

chapter 06 조절하기의 기본

물이 조금 차가운 곳에서 수영을 하는 장면을 상상해 보자. 나는 매 여름 코네티컷주의 해변에 가는데, 이 글을 쓰면서도 차가운 물이 몸에 닿는 느낌을 상상하니 팔에 닭살이 돋는 것 같다!

물에 뛰어들거나 다이빙을 하는 모습을 떠올릴 수도 있지만, 조금 겁을 먹은 상태로 차가운 물에 들어가는 것을 도전으로 느낀다고 상상해 보자. 물속으로 몇 걸음 들어가자마자 발과 발목에 차가운 물이 닿는 게 느껴지면서 약간 놀란다! 멈춰 서서 숨을 쉬면서 그 감각을 견뎌 낸다. 몸이 적응했을 때 다시 한 걸음 나아가니 물이 이제 무릎까지 온다. 이와 비슷한 상상을 하고 있었다면, 어깨가 귀에 닿을 정도로 올라가고, 주먹을 쥐었다 폈다 하면서 그 감각을 다루고 있을 것이고, 아마도 "차가워, 차가워, 차가워." 또는 그보다 더 거친 말을 하고 있을 것이다. 몇 분 후, 다시 적응하고 한 걸음 더 내디디니 이제 물이 배까지 온다. 이건 좀 어렵다. 감각이 좀 더 강렬하고, 감각의 충격을 다루기 위해 몸의 모든 근육이 긴장되고 있다. 다시 숨을 쉬면서 몸이 이완되고 적응하도록 돕는다. 결국은 차가운 온도가 견딜 만해지면서 상쾌해지기까지 한다. 이런 과정을 거쳐 마침내 실제로 수영을 하게 된다.

이제 차가운 물속으로 들어가는 상상을 하면서 자동적으로 조절한 것들을 살펴보자. 먼저, 몸의 감각과 연결되기 위해 마음챙김(mindfulness)과 알아차림(awareness)을 사용했다. 강렬함에 적응하기 위해 호흡을 하기도 하고 움직이기도 했다. 심지어는 크게 소리를 지르거나 비명을 질렀을 수도 있고, 큰 소리로 "아! 이건 너무 차가워!"라고 말했을 수도 있다. 이는 모두 강렬한 반응을 통해 조절하면서 물속으로 점점 들어가 완전히 입수하기 위해 자동적으로 사용하는 전략이다.

놀이치료실에서도 이 과정을 동일하게 적용할 수 있다. 시너제틱 놀이치료(Synergetic Play Therapy) 관점에서 볼 때, 치료자는 우선 자신의 신체 상태부터 조절해야 한다. 이는 극심한 조절 불능 상태를 방지하고 번아웃과 공감 피로의 증상을 예방하는 데 도움이 된다. 5장에서 다룬 바와 같이 조절 불능 상태는 현재 상황에 머무를 수 없게 하고 놀이를 중단하고자 하는 욕구를 키울 수 있으며, 이는 결국 아동이 치료 관계에서 안전함을 느끼지 못하게 할 수 있다. 그다음으로 치료자는 아동이 치료자의 조절 능력을 빌릴 수 있도록 외부 조절자의 역할을 수행해야 한다.

치료자 먼저 산소마스크 착용하기

비행기에 탑승하면 이륙하기 전에 승무원이 긴급 상황에 대처하는 안전 수칙을 안내한다. 그중 하나는 "산소마스크가 여러분의 머리 위수납공간에서 내려올 것입니다. 아이나 도움이 필요한 사람과 함께 탑승했다면, 먼저 마스크를 착용한 후 도와주시기 바랍니다."라는 지침이다. 이는 항공사도 이해하고 있는 중요한 원칙이다. 다른 사람을 도와주기 전에 먼저 자신부터 호흡할 수 있어야 한다! 이 원칙은 내담 아동에게 조절 기술을 가르치는 학습의 기본적 토대 중 하나다.

치료자는 내담 아동의 조절을 돕기 전에 자신부터 조절해야 한다.

놀이를 하며 신경계가 활성화될 때, 아동의 기억, 감정, 신체 감각이 드러나기 시작할 것이다. 치료자는 의식적으로 인식하고 있든 아니든 '공명(resonance)'이라는 과정을 통해 아동의 신경계가 조절 불능 상태임을 느낄 수 있을 것이다. 우리의 뇌는 의식적으로 인지하는 것보다 훨씬 더 많은 정보를 입력한다는 것을 기억하자. Siegel(2012, p. AI-69)이 정의한 대로 '공명'은 "각자의 상호작용하는 시스템이 서로에게 영향을 주어, 둘 이상의 개체가 하나의 기능을 하는 전체의 일부가 되게 하는 것"이다.

아이들은 치료자가 의식적으로 감정을 느끼기를 원한다. 그래야 치료자가 아이들과 조율하면서 함께 있는 순간에 계속 집중할 수 있다. 현재에 집중하는 경험을 다음과 같이 설명할 수 있다.

현재에 집중하기는 그 순간에 발생하는 일들을 알아차리고, 내면의 정신 상태가 열려 있으며, 다른 사람의 내면세계와 조율하는 것을 말한다. 타인을 위해 현재에 집중한다는 것은 그들의 내면세계에서 일어나는 일과 공명하는 것을 의미하며, 이는 타인의 감정을 느끼는 핵심적인 방식을 형성한다(Siegel, 2013, p. 218).

상담 회기에서 내담 아동이 조절 불능 상태일 때, 아동이 보내는 비언어적 및 언어적 신호는 치료자에게 내담 아동의 내면에서 일어나고 있는 것에 대한 정보를 제공한다. 이 정보를 인지할 때, 치료자의 뇌는 실제로 그들과 경험을 공유한 것으로 처리한다(Iacoboni, 2008). 이는 치료자가 내담자의 불편함을 마주할 때, 치료자도 내담자와 함께 어려움을 겪고 있는 것처럼 느낀다는 점을 의미한다.

핵심은 다음과 같다. 격렬한 놀이치료 회기 동안 치료자는 어느 정도 조절 불능 상태가 될 것이다. 이미 알고 있듯이, 치료자의 뇌는 위협과 도전을 인지하도록 설계되어 있다. 중요한 것은 이러한 상황을 피하거나 막으려 하지 않고, 그 순간에 머물러 있으면서 배쪽 신경계의 활성화를 유지하기 위하여 그 상황을 조절하는 방법을 배우는 것이다. 이 과정을 통해, 치료자는 아동에게 자신의 상태를 관리할 수 있는 다양한 방법을 모델링하면서 자신의 조절 능력을 더욱 강화하게 된다.

보고 배우는 원숭이

아동은 양육자의 반응을 관찰하고 인식함으로써 자신의 정서를 조절하는 방법을 배운다. 거울 뉴런 시스템(Iacoboni, 2007; Rizzolatti, Fogassi, & Gallese, 2001) 덕분에 아동은 관찰을 통해 학습할 수 있다. 이것은 "네가 느끼는 것을 나도 느낄 수 있어."와 같은 정서적 공감을 가능하게 한다. 우리는 거울 뉴런을 활용하여 얼굴표정과 몸동작을 읽고 목소리의 어조를 해석함으로써 다른 사람의 정서를 파악할 수 있다.

어떤 행동을 반복해서 관찰하면, 거울 뉴런 시스템은 다른 사람의 행동을 이해하고 그 행동을 모방할 수 있게 해 준다(Bandura, 1977). 또한 관찰한 것을 모방하기 전에 마음(mind)속에서 관찰한 것을 시뮬레이션

하는 정신 모델을 구축하는 데 기여한다(Heyes, 2009). 이 작동 방식의
훌륭한 예를 보려면, 유치원에서 한 아이가 하품할 때 다른 아이들이
어떻게 반응하는지 관찰해 보자. 대부분 다른 아이들도 연쇄적으로 하
품을 하게 된다. 거울 뉴런 시스템이 작동하는 또 다른 예로 부모가 혀
를 내밀 때, 그 모습을 본 아기도 이를 따라 한다. 부모를 관찰하는 것
만으로 거울 뉴런이 활성화되어 운동 뉴런을 자극하면서 혀 내밀기 동
작이 활성화된다. 이 현상은 역할 모델링이 학습 과정에서 왜 중요한지
를 설명해 준다. 거울 뉴런 시스템은 치료 과정에서 치료자와 내담자가
밀접하게 공감하는 상호작용을 가능하게 한다. 결과적으로, 모델링을
통해 아이들은 놀이치료사를 관찰하며 자신의 놀이 중에 발생하는 어
려운 감정을 조절하는 방법을 배우게 된다. 이는 공격적인 행동을 보이
는 아동과의 상담에서 중요한 목표다. 이러한 방식으로 공격성을 다루
는 것이 카타르시스와 구분되는 지점이다.

　타인을 관찰할 때 타인의 행동 양식과 감정 뒤에 숨겨진 의도를 파악
하여 타인의 정신 모델을 만든다(Iacoboni, 2008). 이러한 정신 모델 구
축이 거울 뉴런 시스템의 주요 기능 중 하나다. 관찰하는 행동에 숨겨
진 의도를 이해하게 되면, 그 행동을 모방할 수 있게 된다. 거울 뉴런
시스템은 타인을 모방할 수 있도록 준비시키는 것 같다. 이것이 주변의
어른과 다른 아동의 행동을 아동이 모방하는 이유다.

　사회 심리학자 Tanya Chartrand와 John Bargh는 실험 참가자들에
게 사진 묶음에서 사진을 선택하도록 지시하는 실험을 진행하였다. 같
은 방에는 실험 대상인 척하는 가짜 참가자가 있었다. 실제 참가자에
게는 어떤 식으로든 자극적으로 느껴지는 사진을 찾는 것이 실험의 목
적이라고 설명했다. 가짜 참가자는 사진을 살펴보는 동안, 얼굴을 문지

르거나 발을 흔드는 등의 매우 의도적인 행동을 해야 했다. 어떤 결과가 관찰되었을까? 연구자들은 실제 참가자가 무의식적으로 가짜 참가자의 의도적인 행동을 모방하기 시작했다는 것을 발견하였다(Iacoboni, 2008)!

이 연구의 결과를 놀이치료실에 적용해 보자. 아이가 공격적인 놀이에 몰두할 때, 치료자는 조절 불능을 감지하면서 의도적으로 조절을 모델링하기 시작한다. 그러면 아동의 거울 뉴런 시스템은 치료자가 사용하는 전략을 모방하기 시작할 것이다. 이것은 치료자가 아동을 외적으로 조절할 수 있는 한 가지 방법이다. 강렬함에 대한 치료자 자신의 조절 능력은 아동의 신경계 조절 시도를 강화하는 데에도 작용한다. 치료자가 자신의 호흡, 움직임, 신체 감각에 대해 마음챙김을 함으로써, 조절 불능 상태의 아동을 안정시켜서 다시 조절 가능한 상태로 이끌 수 있다.

마이키 사례

다섯 살짜리 내담 아동 마이키는 놀이치료실 중앙에 작은 가상의 원을 그리며 "선생님은 여기 앉으세요."라고 말했다. "여긴 섬인데요, 여기에 앉아 있어야 해요. 떠나면 안 돼요." 마이키가 나에게 한 말은 이뿐이었다. 상담 회기 동안 다른 말은 하지 않고 조용했다. 그 작은 섬에 앉아 있을 때 내 배가 꼬이기 시작했다. 움직이면 바다로 떨어질 것이라는 생각에 불안함을 느꼈다. 숨을 제대로 쉬기 어렵다는 것을 깨달았다. 상어 인형이 섬 주위를 맴돌기 시작했고, 동시에 내 안에는 불안함이 솟

구쳤다. 상어는 나를 쳐다보며 놀리고 있었다. 내 몸은 공포감으로 반응했다. 숨이 가빠졌고 몸이 긴장되었다. 상어가 물 밖으로 뛰쳐나와 나를 향해 달려들었다. 상어는 내 팔을 물고 놓아주지 않았다. "상어가 내 팔을 물고 놔주지 않아! 너무 무서워!"라고 놀이 속에서 외쳤다.

마이키는 상어의 입을 벌려 내 팔을 꺼내 주었고, 상어는 다시 물속으로 들어가 작은 섬 주위를 맴돌기 시작했다. 나는 다음에 어떤 일이 일어날지 기다리며 숨을 참고 있다는 것을 깨달았다. 놀이에서 나는 도망칠 수 없었다. 그러다가 다시 상어가 물 밖으로 뛰쳐나와 내 팔을 물었고 나는 상상 속에서 느껴지는 고통에 소리를 질렀다. 마침내 마이키가 다시 상어의 입을 벌려 주었고, 나는 이 상황이 다시 발생할지 걱정하면서 그대로 앉아 있었다.

조절을 모델링하기

차가운 코네티컷주 해변의 물속으로 들어가는 시나리오로 돌아가 보자. 물의 감각을 알아차리게 되었을 때 나는 도전적인 감각을 받아들이기 위해 마음챙김, 호흡, 움직임 그리고 내 경험을 크게 말하는 것 등을 활용해야 했다. 이제 이러한 기법을 각각 살펴보고, 마이키와 함께 이와 같은 활동을 했을 때 그것이 마이키와 나에게 어떤 영향을 미쳤는지 탐색해 보겠다.

마음챙김

> 마음챙김은 깨어 있음을 의미한다. 당신이 무엇을 하고 있는지 알고 있는
> 것을 의미한다.
>
> 『어디를 가든 당신이 거기에 있다: 일상생활에서의 마음챙김 명상』
>
> —Jon Kabat—Zinn (1995)

조절은 마음챙김으로 시작된다. 현재의 상태를 알아차리는 것으로 시작된다. 이러한 성장의 중요한 측면 때문에, 치료자는 반영적 경청을 하고 내담자의 말을 되돌려주는 데 시간을 많이 할애한다. 아동의 놀이를 관찰 진술로 추적하기도 한다. 치료자는 내담 아동이 말하고, 행동하고, 느끼는 것에 주의를 기울이면서, 내담 아동이 마음챙김을 할 수 있도록 노력한다.

Allan Schore(1994)에 의하면, 내담 아동의 복잡한 정서 상태나 행위가 놀이에 펼쳐질 때, 조율하는 치료자는 마음챙김을 활용하여 이러한 내면의 감정과 감각을 회피하거나 방어하지 않고 받아들이려고 시도한다. 그런 다음 치료자는 인지적, 정서적, 감각—운동적 상태를 묘사하는 진솔한 대화를 활용하여 강렬함을 조절하기 시작하며, 호흡과 움직임을 통해 신체 감각을 조절하는 방법을 내담 아동이 모방할 수 있도록 한다(Badenoch, 2008).

놀이치료사는 마음챙김을 활용하여 놀이치료실에서 다음과 같은 것을 할 수 있다.

● 치료자는 자신이 경험하고 있는 것을 알아차림으로써, 신경계를

효과적으로 조절하여 배쪽 활성화 상태를 유지하면서 내담 아동과 함께 그 순간에 머물러 있을 수 있다. 이때 내담자는 치료자의 조절 능력을 빌릴 수 있다.

● 내담 아동의 내적 세계를 느낀다. 이를 통해 내담 아동은 치료자가 자신의 상태를 느끼고 있음을 알게 된다.

● 내담 아동의 비언어적 신호를 알아차리게 된다. 이를 통해 치료자는 내담 아동을 더 많이 조율할 수 있고 정서적 범람을 추적할 수 있다.

● 내담 아동의 놀이를 알아차리게 된다. 이를 통해 치료자는 반영적 경청과 관찰적 진술을 하여 내담 아동이 알아차림을 할 수 있도록 돕는다.

● 치료자 자신의 신체 감각과 감정을 알아차리게 된다. 이를 통해 놀이에서 발생하는 감정을 축소하거나 멀리하기보다는 더 많이 받아들이는 데 무엇이 필요한지를 알아차릴 수 있다. 결국, 내담 아동도 이와 같은 방식으로 알아차림을 할 수 있게 된다.

● 이중 주의(dual attention)를 유지한다. 이를 통해 치료자는 자기 자신과 내담 아동을 동시에 알아차릴 수 있게 된다.

나는 마음챙김부터 시작하면서 알아차림을 할 수 있게 되었다. 나 자신과 마이키를 알아차리게 되자, 호흡, 움직임 그리고 내 경험을 명명(놀이를 추적하며 관찰 진술을 하는 것도 포함)하면서 외부 조절자의 역할을 할 수 있었다. 이를 통해 마이키가 과거 트라우마 기억과 관련된 생각, 감정, 신체 감각을 놀이로 표현하면서 아이의 신경계가 재구성될 수 있도록 도왔다.

호흡

호흡을 조절함으로써 마음을 다스린다.

-B. K. S. Iyengar (1979)

호흡 방식은 신경계에 큰 영향을 미친다. 실제로 조절 불능 상태가 되면 호흡이 불규칙해지며, 그 반대도 마찬가지다. 특정한 방식으로 호흡하는 것만으로 신체를 조절 불능 상태로 만들 수 있다. 예를 들어, 들숨이 날숨보다 긴 얕은 호흡은 교감신경계를 활성화하여 불안과 압박감을 유발할 수 있다. 반대로 들숨보다 날숨을 길게 지속하면 부교감신경계가 활성화되면서 저각성 증상을 겪게 될 것이다. 격렬하고 공격적인 놀이에 집중하면 자율신경계가 활성화되면서 호흡에 변화가 생긴다. 호흡은 놀이치료실에서 겪는 강렬함을 조절하고 관리하는 데 가장 효과적인 한 가지 방법이다.

마이키가 만든 섬에 처음 앉아 있을 때, 나는 호흡이 달라지는 것을 느꼈다. 가슴이 조이면서 심호흡을 하기가 어려웠다. 내 상태에 주의를 기울이면서, 폐에 공기가 더 많이 들어갈 수 있도록 깊게 숨을 쉬었다. 상어가 나를 둘러싸기 시작하자 위험해질 수도 있겠다고 생각했고, 이러한 생각이 호흡에 영향을 주어 폐가 좁아지는 느낌이 들었고 심장 박동도 빨라졌다. 호흡은 점점 얕아졌다. 놀이 중 상어가 내 팔을 물고 놓지 않았을 때, 몸에 공포감이 들어오는 것을 느꼈고 의식적으로 호흡을 길게 하여 긴장에 대응했다. 상어가 바다로 돌아갔을 때, 나는 놀이에서 쌓인 에너지가 몸에서 해소되도록 심호흡을 하면서 스스로 조절하기 시작했다.

놀이치료사는 호흡을 활용하여 놀이치료실에서 다음과 같은 것을 할 수 있다.

- 치료자는 아동이 시작하는 놀이와 이야기에 자신의 신경계가 반응하면서 발생하는 조절 불능 상태를 조절함으로써, 현재 순간에 머물러서 아동과 조율할 수 있다.
- 치료자는 아동의 놀이에서 나타나는 강렬함을 조절하여, 아동이 불편한 생각, 감정, 감각에 접근할 수 있도록 도와주는 외부 조절자 역할을 한다.
- 치료자는 아동이 호흡을 따라 하도록 모델링하고 격려하여, 조절 불능 상태에 있는 신경계가 통합되도록 돕는다.
- 치료자는 몸에서 발생하는 조절 불능 상태를 느끼면서 동시에 배쪽 미주신경을 활성화한다.

마이키의 놀이가 우리 둘에게 교감신경계의 반응을 일으켰을 때, 나의 호흡은 닻이 되었다. 내가 숨을 쉴 때마다 마이키도 숨을 따라 쉬었다. 그럴 때마다 마이키의 호흡 패턴이 조금씩 바뀌었다. 마이키는 나의 호흡을 통해 안전함을 느꼈다.

움직임

몸은 항상 우리를 집으로 인도한다. …… 그저 감각을 신뢰하면서 적절한 행동, 움직임, 통찰 또는 감정이 드러날 때까지 충분히 그 감각과 함께 머무를 수 있다면 말이다.

−Ogden, Minton, & Payne (2006)

아동에게 혼란스러운 감정과 감각을 조절하는 방법을 가르치는 것을 목표로 할 때, 치료 과정에 움직임을 포함하는 것이 매우 중요하다. 아동은 움직임이 없이는 도전적인 에너지가 발생하는 상황을 이해하고 대처하는 방법을 배우는 데 어려움을 겪을 수 있다.

놀이치료사는 다음과 같은 세 가지 이유로 움직임을 활용한다.

- 움직임은 현재 경험하고 있는 것을 알아차리는 데 도움을 준다.
- 움직임은 신경계를 조절하고 조절 불능 상태에 빠지지 않도록 하는 방법이다.
- 치료자의 움직임을 본 아동은 움직임을 활용하여 자신의 내적 상태를 조절할 수 있다.

비록 나는 작은 섬에 앉아 있어야 했고 하반신을 움직일 수 없었으나 상반신과 팔은 움직일 수 있었다. 상어가 섬 주위를 맴돌고 있는 동안, 나는 놀이의 강렬함이 잠시 멈춘 틈을 이용해 상반신을 움직이면서 쌓인 스트레스를 풀었다. 놀이에서 나는 상처 입은 팔을 감싸고 문지르면서 자기 돌봄과 연결을 모델링하였다. 다리를 문지르고 꽉 조이면서 에너지 흐름을 만들어, 트라우마 에너지가 하체에 정체되지 않게 했다. 그리고 손으로 가슴을 쓸어내리고 부드럽게 앞뒤로 상체를 흔들며 나 자신과의 연결을 강화하고 안정감을 찾았다. 마이키는 이 모든 과정을 지켜보고 있었다.

움직임에 정해진 방식은 없었다. 그저 내 몸이 필요로 하는 것을 믿으며 그 정보를 따라 움직였고, 내가 선택한 행동이 마이키가 설정한 놀이의 맥락 안에서 이루어져야 한다는 점을 염두에 두었다. 예를 들어, 내가 일어나서 몸을 털고 나가는 것은 적절하지 않았다. 나는 작은 공간에 갇혀 불안감을 느끼는 역할을 해야 했기 때문이다. 나는 놀이에서 마이키가 나에게 부여한 역할의 에너지 안에서 조절하는 방법을 보여 주었다.

경험을 소리 내어 표현하기

조절하는 여러 가지 방법 중에서 자신의 경험을 소리 내어 표현하기는 놀이치료사 대부분이 가장 두려워하는 방법일 수도 있다. 대다수 놀이치료사는 아동을 압도하거나 아동이 치료자를 챙겨야 하는 상황을 만들까 봐 자신의 경험을 소리 내어 표현하는 것을 주저한다. 그러나 치료자가 소리 내어 표현하는 것은 아동이 시작한 놀이에 대한 하나의 반응이라는 점을 명심하자.

치료자가 부모에게 이를 가르치는 데 상당한 시간을 할애한다는 점을 고려하면 이는 흥미로운 일이다. 치료자는 부모에게 부모가 느끼는 감정을 소리 내어 표현하는 것이 중요하다고 가르치면서도, 정작 본인은 놀이치료실에서 감정을 소리 내어 표현하지 않는다. 양육의 맥락에서, 치료자는 부모가 감정을 표현할 때 이해해 주면서 경험을 표현할 수 있도록 존중하고 격려한다. Fonagy와 Target(2002)은 양육자가 자기 성찰을 할 때 안정감이 발생한다고 주장하였다. 아동은 양육자의 반영 기능을 통해 자신의 경험에 호기심을 가질 수 있다(Gottman, 1997; Levy, 2011; Levy & Ginott, 1965). 또한 아동의 성격이 아닌 행동에 대한 표현이라면, 성인이 아동 앞에서 자신의 감정을 솔직하게 소리 내어 표현하는 것도 중요하다(Post, 2009). 이를 하지 않으면 아동과 성인 모두 조절 불능 상태에 빠지면서 각성이 증가할 수 있다(Gerhardt, 2004).

Daniel Siegel과 Tina Bryson(2011)에 따르면, 자신의 내적 경험을 소리 내어 표현함으로써 고통스러운 상태에서 벗어날 수 있고 신경계도 조절할 수 있다. Siegel(2011)은 경험에 대한 편도체의 반응을 소리 내어 표현함으로써 생기는 진정효과를 설명하기 위해 "이름 붙여 길들이기(Name it to tame it)"라는 표현을 사용하였다. 경험을 소리 내어 말함으로써 의식적인 알아차림과 함께 현재에 머물 수 있으며, 내적 상태에 더욱 유연하게 접근할 수 있다. 이와 함께 정서 조절에 필수 과정인 우측 전전두피질의 혈류가 증가한다(Schore, 1994).

나는 마이키와 놀이를 하면서 내면의 경험을 소리 내어 표현했다. 상어가 섬 주위를 맴돌 때 "무서워!" 또는 "위험한 것 같아!"라고 말했다. 섬에 처음 앉았을 때는 "배가 꼬이는 것 같고, 불안한 게 느껴져." "숨을 깊게 쉬는 게 잘 안 돼."라고 말했다. 상어가 나를 공격하는 중이거나 공격한 다음에는, 상어가 실제로 팔을 물었을 때 느낄 수 있는 감정을 표현하는 소리를 냈다.

놀이치료사는 경험을 소리 내어 표현함으로써 다음과 같은 것을 달성할 수 있다.

- 치료자는 내담 아동이 설정한 놀이에서 자신의 경험과 내담 아동의 내면에서 느껴지는 다양한 정서적 상태 및 신체적 감각을 언어로 표현해 준다.
- 내담자 또한 자신의 경험을 표현할 수 있다.
- 내담자가 '이해받고 있다.'고 느끼도록 돕는다. 치료자가 자신의 경험을 말로 표현하면 내담자는 치료자가 자신을 이해하고 있음

을 더 잘 알 수 있다.

● 치료자 자신의 신경계를 조절하여 현재 순간에 머물러 있으면서 배쪽 미주신경의 활성화 상태를 유지한다.

마이키의 놀이가 점점 강렬해지려고 할 때, 나는 나 자신과 연결되어 있어야 했고, 내 몸에서 발생하는 불편한 감각을 기꺼이 느끼고 그쪽으로 다가가야 했다. 이렇게 함으로써 놀이치료실에서 발생하는 강렬함을 조절하는 외부 조절자가 될 수 있었다. 실제로 위험한 상황이 아닌 놀이 상황임을 인식하면서 내 몸의 감각과 정서를 열린 마음으로 받아들였다. 이를 통해 나는 현재에 집중하며 마이키와 정서적으로 연결된 상태를 유지할 수 있었다. Dan Siegel(2007)이 설명한 바와 같이, 내담자가 느끼는 것을 치료자가 느끼려고 할 때, 내담자는 치료자에게 공감받았다고 느낀다. 나에게 공감받았다는 느낌과 함께 내가 보여 주는 조절방식을 통해, 마이키는 통합하려고 애쓰던 기억, 감정, 감각에 다가갈 수 있게 되었다. 치료자가 의식적으로 강렬함을 느끼고 이를 수용하는 모습을 보여 줌으로써, 아동은 그 경험에서 도망가지 않고 직면해도 괜찮다는 것을 배우게 된다(Ogden, Minton, & Pain, 2006; Ogden, Pain, Minton, & Fischer, 2005; Siegel, 2007). 이러한 조절은 마이키가 자신의 관용의 창 안에서 머물 수 있도록 지원했고, 놀이가 악화되지 않고 통합되기 시작하는 데 도움이 되었다.

물론 마이키가 한 회기 만에 과각성을 관리하는 방법을 배운 것은 아니었지만 몇 회기를 거치며 자신의 신경계를 조절해 나가는 방향으로 나아갈 수 있었다. 상담이 진행되면서 마이키의 호흡 패턴과 촉각에 대한 민감도가 변화했다. 마이키의 부모는 아이가 이전에는 할 수 없었던 방식으로 자신의 감정을 이야기할 수 있게 되었으며, 공격적인 행동이 상당히 감소했다고 보고했다. 또한 트라우마가 통합되면서 놀이 주제도 안전과 양육으로 바뀌었다.

 핵심 요약

- 아동의 기본적인 학습 방식은 거울 뉴런 시스템을 통한 관찰이다. 이를 통해 아동은 치료자의 조절 전략을 따라 할 수 있다.
- 치료자는 아동을 조절할 수 있도록 돕기 전에 먼저 자신부터 조절할 수 있어야 한다.
- 치료자는 아동이 놀이하는 동안 '공명(resonance)'이라고 불리는 과정을 통해 아동의 신경계가 조절 불능 상태임을 느낄 것이다.
- 호흡, 움직임, 경험을 소리 내어 표현하기는 조절 과정에 핵심 요소이며, 이는 놀이치료실에서 공격성의 통합을 지원하는 데 유용하게 쓰일 수 있다.
- 마음챙김을 통한 알아차림은 조절과 통합을 향한 첫걸음이다.

07 설정

무슨 일이 일어나든 항상 기억하라. 주변에서 일어나는 모든 일들은 마음
에서 비롯된다. 마음이 항상 원인이다. 마음이 프로젝터이고, 겉으로 보이는
것은 스크린일 뿐이다. 당신은 자신을 투사한다.

—Osho (1983)

아이들은 놀이치료실에 오면 그들이 어떻게 느끼는지를 놀이치료사
가 느낄 수 있도록 설정(Setup)한다. 달리 말하면 그들은 신체언어, 말,
행동을 통해 치료자에게 자신이 경험한 것에 대해 통찰력을 얻게 한다.
아이들은 놀잇감으로도 이렇게 한다. 이것이 바로 놀이치료에서 일어
나는 투사 과정의 핵심이다. 아이들은 치료자가 자신의 감정을 느끼도
록 설정하는 동시에, 치료자가 감각과 정서를 조절하는 모습을 관찰하
기도 한다. 이 사실은 자주 간과되고 오해를 불러일으키기도 하지만,
이는 아이가 전달하려는 내용이고 치료자가 아이들을 이해할 수 있는

기본 구성 요소 중 하나다.

> 아이들은 놀잇감과 치료자가 자신처럼 느끼는 인식 경험을 하도록 설정
> 하면서 자신의 내면세계를 놀잇감과 치료자에게 투사한다.
>
> −시너제틱 놀이치료의 원리

만약 아이가 불안감을 느끼면, 치료자와 놀잇감도 불안감을 느끼도록 설정할 것이다. 아이가 거절로 인해 고통을 겪고 있고 기분이 좋지 않다면 놀잇감도 그렇게 느끼게 될 것이다. 아이가 압도감을 느끼면, 치료자와 놀잇감도 압도감을 느끼도록 설정될 것이다. 아이가 통제감을 느낀다면, 치료자도 통제감을 느낄 수 있게 된다. 시너제틱 놀이치료에서 말하는 이 '설정'은 조종하는 과정이 아니라 치료자가 내담자를 이해하는 데 도움이 되는 귀중한 정보를 제공한다.

 생각해 보기

> 잠시 시간을 내어 이전 놀이치료 회기를 떠올려 보세요. 놀이치료실에서 아이와의 관계가 어떠했는지 생각해 보세요. "내가 느끼도록 설정된 것은 무엇인가? 놀잇감이 느끼도록 설정된 무엇인가?"를 스스로에게 질문해 보세요. 신경계에 무슨 일이 일어났는지 생각해 보세요. 너무 각성이 높았는가? 아니면 너무 낮았는가? 이 두 가지가 요동을 쳤는가? 이 정보가 아이의 세계와 어떻게 연결이 되는지 생각해 보세요.

6장의 마이키 사례로 돌아가 보자. 마이키는 나에게 무엇을 느끼게 하려고 했던 걸까? 거기 앉아 있는 동안 내 몸에는 불안감과 두려움이 느껴졌고, 어떤 방식으로든 내 자신을 보호할 수 없을 것 같은 덫에 간

힌 느낌이 들었다. 놀이하는 순간에도 몸이 숨을 쉴 수 없는 것처럼 느꼈다. 이것이 마이키의 삶과 그가 통합하려고 했던 트라우마와 어떻게 연결될 수 있는지 살펴보자. 마이키가 태어난 직후, 부모는 마이키가 촉각에 예민하다는 사실을 깨달았다. 마이키는 어렸을 때 호흡 곤란과 공황 발작 증상을 자주 겪기도 했다. 종종 이러한 공황 발작으로 입원을 해야 했고, 입원 동안 링거를 맞고 몸에는 모니터기를 부착해야 했다. 이 경험을 마이키는 어떻게 기억할지 상상해 보자. 마이키는 불안을 느끼지 않았을까? 무서움? 링거주사 통증과 예민한 피부에 모니터기계의 느낌은? 꼼짝할 수조차 없었고 자신을 보호할 수 없다는 것? 도움받을 수 없는 것? 숨쉬기조차 힘든 것? 확실히 알 수는 없지만 이런 경험을 했을 것이다.

마이키는 자신이 지각한 것과 겪은 일을 내가 경험하도록 '설정하는 데' 필요한 것은 무엇이든지 했고, 그리고 내가 어떻게 하는지 지켜보았다. 또한 이러한 감정과 감각을 통합하려는 시도로서 자신의 내면에서 무슨 일이 일어나고 있는지 느끼기 위해 "다른 사람을 설정하는 데" 많은 시간을 보냈다. 마이키가 치료를 받으러 온 주된 이유는 그가 공격적이었고 종종 충격적인 방법으로 사람들에게 겁을 주고 신체적으로 상해를 입히려고 했기 때문이었다. '설정'의 관점에서 보면 마이키는 내적으로 통합하려 한 것을 주변 사람들에게 알리기 위해 최선을 다하고 있음을 알 수 있었다.

불행히도 사람들은 모두 마이키의 과도하게 각성된 신경계에서 발생하는 강렬함을 어떻게 다루는지를 가르쳐 주거나 모델링하는 대신 행동을 멈추게 하고 그만해야 한다고 말하기만 했다. 우리는 마이키의 공격성이 의사소통과 조절을 위한 시도라는 것을 이해하지 못했다. 이런 치료기법을 쓰기 위해 마이키의 발달사를 꼭 알아야 할 필요는 없다는 점에 주목하는 것이 중요하다. 이 작업을 수행하기 위해 우리는 배경이야기를 알 필요는 없다. 그래도 치료자는 설정될 것이다. 치료자는 내담자의 삶에서 무슨 일이 일어났는지 정확하게 알지 못하더라도 '설정'을 통해 배운 것을 이용해 내담자가 힘든 기억과 그에 상응하는 감각과 감정을 내면에 통합하도록 도울 수 있게 된다.

한 발은 안으로, 한 발은 밖으로

이 책에서 말하고 싶은 몇 가지 핵심내용이 있는데, 내가 나누고자 하는 이 개념을 형광펜이나 펜을 들고 이 단락 안에서 별표로 표시해 보기 바란다.

영화를 보는 2시간 동안 눈앞에 펼쳐지는 장면을 보면서 화가 나거나, 슬프거나, 겁이 나거나, 극도로 긴장(경계), 또는 이런 모든 증상을 겪은 적이 있는가? 당연히 있을 것이다! 영화에 너무 열중하여 자신이 실제로 영화 속에 있는 것처럼 느껴지고 영화를 보고 있다는 사실을 잊어버리기 쉽다. 한 걸음 더 나아가 영화를 보면서 경험하는 모든 감정은 당신 앞에 있는 실제 사람들에게 반응하는 것이 아님을 깨달아야 한다. 실제로 일어난 사건이 아닌, 화면 속의 배우들에게 반응하는 것이다. 더 나아가 실제로 반응하고 있는 것은 사실인 것처럼 이미지로 꾸며진 화면이라는 것을 알아야 한다. 그러나 당신의 신체 경험이 진짜가 아니고, 실제처럼 느껴지지도 않는다고 주장하는 것은 어려운 일이다. 놀이치료 회기에서도 같은 현상이 발생한다. 아이와 함께 작업을 할 때 강렬한 놀이는 실제처럼 느껴진다. 이것은 우리가 적극적으로 참여하는 사람이든 놀이를 관찰하는 사람이든 마찬가지다. 이것은 배쪽 부교감신경계가 활성화되어야 하는 지점이다.

마이키가 자신에 대한 지각과 그가 겪고 있는 생활 사건을 놀이에서 풀어내면서 내가 그것을 경험하도록 설정하려 할 때, 나는 그것이 실제로 나에게 일어나지 않았다는 것을 알았다. 비록 내 몸은 알지 못했지만 나는 상어가 공격하고 있는 작은 섬이 실제가 아님을 알고 있었다. 이것이 이 책에서 이해해야 할 핵심이다.

놀이치료사는 그것 안에 있어야 하면서도 동시에 그것 안에 있어서도 안 된다. 이것이 의미하는 바는 그것이 아이의 놀이임을 알고 동시에 놀이를 하면서 자연스럽게 일어나는 치료자 몸의 조절 불능 상태를 스스로 느낄 수 있고 관찰해야 한다는 것이다. Teresa Kestly(2014)는 이를 느끼는 감각(우반구)과 의식적 알아차림(좌반구)을 동시에 추적하는 능력으로 설명했다. 이 두 가지 경험을 추적하는 것은 우리가 안전에 대한 신경지(neuroception)를 유지하는 방법이며, 이를 통해 우리는 조절 상태를 유지하고 현재에 머물 수 있다. 우리가 이러한 이중 알아차림을 유지하지 않으면 내담자로부터 너무 멀리 떨어지게 되거나 내담자와 융합될 위험이 있다. 마음챙김, 호흡, 움직임, 경험하는 모든 것을 언어화하기 등은 한 발은 안으로 한 발은 밖으로 유지하는 능력을 돕는다.

나는 학생들에게 놀이치료실로 가지고 들어갈 수 있는 만트라(기도에서 외는 주문)로서 '한 발은 안으로 한 발은 밖으로'에 대해 생각해 보라고 한다. 그것을 느끼도록 상기시키면 학생들은 길을 잃지 않게 된다.

'한 발은 안으로 한 발은 밖으로'를 알 수 있는 놀이치료실에서 경험하는 몇 가지 단서가 있다.

- 치료자는 시간을 추적할 수 있다. 회기 중 어느 시점에서든 남은 시간을 알 수 있다.
- 치료자는 주변에서 무슨 일이 일어나고 있는지 알고, 아이의 놀이에서 길을 잃지 않는다.
- 치료자는 아이의 놀이에서 공격성이 일어나고 놀이가 격렬해지더라도 안전함을 안다.
- 치료자는 스스로의 몸을 알아차린다. 호흡을 따라가고 내적 감각을 알아차릴 수 있다.
- 치료자는 아이에 대해 알아차리고, 아이의 신체에서 일어나는 활성화와 조절을 알아차리면서 아이의 비언어적 단서를 추적할 수 있다.
- 치료자는 놀이를 자기 마음대로 하지 않는다.
- 아이의 놀이에서 일어나는 감정을 느낄 수 있지만 그것에 사로잡히지는 않는다.
- 불편한 것으로부터 아이를 구해 주려고 하지 않는다.
- 아이와 '함께' 있다고 느끼지만, 자신이 아이와 분리되어 있음을 인식한다.

나인가, 아니면 당신인가

우리가 다른 사람을 볼 때 우리는 그들과 우리 자신 양쪽 모두를 발견한다.

—Iacoboni (2007, p. 139)

"내가 느끼는 감정이 단지 내 감정만이 아니라는 것을 어떻게 알 수 있을까?" 그리고 "내 경험과 아이의 경험을 어떻게 분리할 수 있을까?" 투사 과정에 대한 가장 일반적인 질문 중 두 가지는 다음과 같다.

두 사람 사이에 무슨 일이 일어나는지 이해하기 위해 거울 뉴런 시스템의 또 다른 면을 좀 더 살펴보겠다. 1980년대 파르마대학교의 Giacomo Rizzolatti, Giuseppe Di Pellegrino, Luciano Fadiga, Leonardo Fogassi 및 Vittorio Gallese에 의한 뉴런의 발견은 우리가 다른 사람들과 관계를 맺을 때 우리가 경험하는 것이 공유된 경험임을 이해하는 데 도움을 주었다. 사실 이 둘을 구분할 수는 없다. Dan Zahavi(2001)는 두 사람의 경험은 "상호적으로 서로를 비추고 연결을 통해서만 이해될 수 있다."라고 말했다. Iacoboni는 "우리는 자신과 타인을 인위적으로 분리할 수도 없고 분리해서도 안 된다."라고 말한 바 있다(2008, p. 133). 이것이 실질적으로 의미하는 바는 "우리는 다른 사람들 속에서 우리 자신을 본다."는 것이다(p. 134).

잠시 동안 이것을 상상해 보자. 당신이 이 글을 읽고 있는 동안 당신이 어디에 있든, 갑자기 한 여자가 방으로 들어온다. 당신은 즉각적으로 그 여자에게로 향하고, 의식적이든 아니든 그녀의 얼굴 표정과 신체 에너지가 입력되어 들어온다. 당신이 관찰하고 있는 사람은 당신을 향해 빠르게 움직이고, 그녀는 눈을 크게 뜨고 있으며, 에너지는 뜨겁게 발산된다. 이것을 상상하면 어떤 느낌이 드는가? 아마 당신이 자신의 몸 감각을 알아차릴 수 있다면 약간 불안을 느끼고 있다는 것을 알게 될 것이다. 그것은 누구의 불안일가? 당신은 자신의 불안을 느끼고 있는가? 아니면 그 사람의 것을 느끼고 있는가? 대답은 양쪽 모두다.

우리가 다른 사람을 관찰할 때 우리의 뇌는 우리가 관찰하고 있는 것의 전체적인 자극(심지어 운동 구성 요소까지)을 만들어 낸다는 것이 밝혀졌다. 그것은 마치 잠시 동안 우리가 관찰하고 있는 그 사람이 되는 것을 상상하는 것과 같다. 우리의 뇌는 실제로 다른 사람이 경험하고 있는 것을 느끼려고 노력하고, 우리가 관찰하는 것을 다른 사람과 공유된 경험으로 취급한다(Iacoboni, 2008).

Iacoboni는 다음과 같이 말했다.

> 우리의 거울 뉴런은 마치 우리가 표정으로 감정을 표현하는 것처럼 다른 사람들이 감정을 표현하는 것을 볼 때 발화된다. 이런 발화를 통해 뉴런은 변연계 안에 있는 감정 뇌 중추에 신호를 보낸다. 다른 사람이 느끼는 것을 우리도 느끼도록 하기 위해서다(p. 119).

놀이치료실에서 이것의 관련성을 잠시 논의하고 지금까지 배운 내용을 하나로 엮어 보기 위해 잠시 멈춰 보자. 아이들이 우리를 극적인 놀이에 참여시키거나 그들이 하고 있는 놀이를 관찰하라고 요청할 때, 우리는 아이들의 비언어적, 언어적 단서를 포착한다. 우리가 포착한 이 단서들은 아이들의 자율신경계 활성화의 다양한 상태다. 아이들이 놀면서 내면에서 힘든 생각, 감정, 감각이 일어나면 자율신경계가 동시에 활성화된다. 아이들에게서 교감신경 활성화나 등쪽 부교감신경계의 활성화 징후가 나타나기 시작할 것이다. 아이들을 관찰하면서 치료자는 신체 감각적 변화를 경험하게 될 것이다. 이것은 우리가 원하든 원하지 않든 자동적으로 일어나며, 이것이 놀이가 우리 몸에서 진짜인 것처럼 느껴지는 이유다.

Iacoboni(2008)는 다음과 같이 썼다.

> 거울 뉴런은 다른 사람의 얼굴 표정에 대한 반사되지 않는, 자동적 시뮬레이션(또는 "내적 모방"……)을 제공한다. 그래서 이런 시뮬레이션 과정은 모방된 표현을 분명하고 신중하게 인식하도록 요구하지는 않는다. 동시에 거울 뉴런은 뇌의 변연계에 위치한 감정 센터로 신호를 보낸다. 거울 뉴런의 이러한 신호에 의해 촉발되는 변연계의 신경 활동은 우리에게 관찰된 표정과 연관된 감정을 느낄 수 있게 한다. 이러한 감정을 내적으로 느낀 후에야 우리는 그 감정을 분명하게 인식할 수 있다(p. 112).

놀이치료사로서 우리가 바꿔야 할 가장 큰 패러다임 중 하나는 놀이치료실에서 전이와 역전이는 피할 수 없다는 사실을 깨닫는 것이다. 나는 전이는 진행되고 있는 유일한 것이고 역전이는 치료적 환경이라고 주장하고 싶다. 치료는 임상가와 내담자 사이에 공유된 경험이고 양쪽이 다 활성화되는 경험이다(Bullard, 2015).

우리는 아이에게 해를 끼칠 것이라 생각하고 자신이 활성화되는 것이 너무 두려워서 지금 신경과학이 현재 밝히고 있는 것을 놓치게 된다. 활성화는 피할 수 없는 공유되는 경험이다. 이제 우리는 예방할 수 없는 것을 피하는 것 대신에 활용하는 방법을 배울 때다.

핵심 요약

- 아이들은 놀이치료실에 들어와서 그들의 말, 행동, 놀이를 통해 치료자와 놀 잇감이 자신의 감정을 느낄 수 있도록 설정한다.
- '한 발은 안으로, 한 발은 밖으로'라는 개념은 놀이임을 아는 동시에 놀이를 실 제처럼 느낄 수 있도록 두는 것을 의미한다. 이는 놀이 중 발생하는 조절 불능 상태 속에서 안전을 위한 신경지를 유지하는 데 중요하다. '설정'은 당신이 적 극적인 참가자이든 관찰자이든 간에 놀이를 실제처럼 느끼도록 한다.
- 모든 경험은 공유되는 경험이다. 우리의 뇌는 다른 사람이 경험하고 있는 것 을 느끼려고 하고 그 경험을 마치 자신의 경험인 것처럼 다룬다.
- 놀이치료실에서 전이와 역전이는 피할 수 없는 것이다.

08 진정성 있는 표현

"선생님 뒤에 유령이 있어요!" 잭이 소리쳤다.

"무서워! 무서워!" 나는 오른손을 가슴에, 다른 손을 배에 얹고 말했다. 나를 그라운딩시키려고 큰 소리를 내면서 숨을 내쉬었다.

"여기 하나, 저기 하나." 잭이 방 모퉁이를 가리키며 말했다. "유령들이 선생님을 다치게 할 거예요!"라고 잭이 소리쳤다.

나는 호흡을 계속하면서 "너무 무서워. 위험한 것 같아. 나를 보호해 줄 수 있는 게 아무것도 없어."라고 말했다.

그 말을 들은 잭은 눈을 치켜뜨며 말했다. "에이, 그냥 놀이하는 거잖아요."

잭은 공격성 수준이 높고 비합리적일 정도로 높은 두려움으로 부모가 걱정이 되어서 데리고 온 아이다. 접수상담을 하는 동안, 어머니는 잭에 대해 좌절감을 느끼고 있고 정서적으로 접촉이 잘 되지 않는 것이 분명하게 보였다. 잭의 분노와 두려움에 대해 어떻게 느끼는지 물었을 때, 그녀는 나를 바라보며 퉁명스럽게 말했다. "전 화를 안 내요." 그러고는 아들의 유령에 대한 집착이 너무 힘들다고 털어놓았다.

잭은 첫 번째 회기에서 유령이야기를 시작했고, 복도에 있는 악당들이 언제든지 이 방으로 들어올 수 있다고 했다. 잭은 자신의 두려움을 내가 말로 표현해 주길 바랐지만, 정작 내가 그 감정을 언급하려 하자 이를 막으려 했다. 아이는 놀이를 통해 자연스럽게 자신을 압도하는 두려움을 내가 알아차리게 하면서도, 그런 감정을 표현하는 것은 허용되지 않는다는 메시지를 전했다. 불과 다섯 살의 나이에 잭은 이미 자신의 분노와 두려움에 대해 주변에서 들었던 메시지를 내면화했으며 감정을 차단하는 방법을 터득해 가고 있었다.

잭이 놀이하는 동안 나는 방 안의 유령과 복도의 악당이 실제로 있다고 생각하고 내가 느낄 진정한 감정을 표현하고자 했다. 또한 아이의 놀이에서 보이는 과잉 경계가 매우 강렬했기 때문에, 내 자신의 과각성 상태를 조절하려 애썼다.

나는 두려움을 표현할 때마다 한 손은 가슴에, 다른 한 손은 배 위에 얹고 있다는 것을 깨달았다. 이는 내 몸이 보인 자연스러운 반응이었다. 내가 잭의 놀이 속 두려움을 말로 표현하자, 잭은 나를 놀리면서 동시에 겁을 주려고 했다. 잭은 "저는요, 안 무서워요. 아무것도 무섭지 않아요."라며 나를 비웃었다. 그렇게 말하면서도 그는 혹시 악당들이 들어올까 봐 놀잇감 총, 칼, 방패, 수류탄, 심지어 수갑까지 모두 문 앞에 늘어놓았다.

두 번째 회기 후에 잭과 나는 모래놀이를 하고 있었는데, 잭은 소년 피겨 뒤 모래 속에 플라스틱 뱀을 숨겼다. 그런 다음, 소년을 놀라게 하려고 모래 속으로 뱀을 움직이기 시작했다. 그때 나는 내 안에서 두려움이 올라오는 것을 느꼈고, 한 번 더 진정한 반응을 하고자 애썼다.

"내 맘속에 또 그런 느낌이 들어." 나는 머뭇거리며 속삭였다. 무서운데…… 이렇게 말하면 안 될 것 같아. 무서워하면 안 된다고 할 것 같아서……"

잭은 나를 바라보며 조용히 일어섰다. "저도 무서워요."라고 말했다. 잭이 처음으로 자신의 두려움을 인정하고 나를 비웃지 않은 순간이었다.

내 몸의 긴장이 풀리면서 그 순간의 의미를 느낄 수 있었다. 나는 잭의 그 순간을 함께하고자 깊이 숨을 들이마셨다. "그래?" "네, 저는 무서울 때 어떻게 해야 하는지도 알아요."

"어떻게 하는데?" 나는 이 소중한 순간을 함께하기 위해 깊이 숨을 들이마시며 물었다.

"이렇게요"라고 말하더니 한 손은 가슴에, 다른 한 손은 배에 얹고 천천히 숨을 내쉬었다. 나는 한 번도 잭에게 무서울 때 멈춰서 심호흡을 하라고 말한 적이 없었다. 잭은 내 모습을 보고 자연스럽게 배웠던 것이다. 내가 진정성 있게 반응하고 불편한 감정들을 피하지 않으려고 했던 것이, 잭이 자신의 신경계를 조절하는 대처 전략을 배울 수 있게 했다. 그는 내가 진심이라는 것과 그와 잘 조율하려는 것을 알았고, 그동안 내면에서 억누르고 있던 감정들을 조금씩 마주할 수 있게 되었다. 이런 방식으로 잭과 협력함으로써 나는 그의 거울 뉴런 시스템을 활성화시켜 그가 시냅스 연결을 바꾸도록 돕고 있었다. 강렬한 감정 속에서도 자기 조절을 하는 내 모습을 관찰하면서 잭은 자신의 감정과 감각을 부인할 필요 없이 오히려 그것을 수용하고 이를 통해 조절하는 방법을 배울 수 있다는 것을 알게 되었다. 잭은 무서워해도 괜찮다는 것, 그리고 그 감정을 온전히 느껴도 괜찮다는 것을 배웠다.

나는 정말로 내가 될 수 있을까

우리가 진정성에 관해 이야기할 때 "물론 아이에게 진정성 있게 해야 한다."고 생각하는 경향이 있다. 그러나 나는 내담 아동과의 관계에서 우리 자신으로 존재하는 것에 있어 약간의 주저함이 있다는 것을 발견했다. 나는 놀이치료사들이 "아이에게 그런 말을 할 수가 없어요." 또는 "나는 그렇게 할 수 없어요!"라는 말을 얼마나 많이 들었는지 모른다. 우리는 정서적으로 아이들에게 상처가 되거나 우리가 그들을 구해야 한다고 생각할 수 있는 위치에 놓이는 것에 대해 너무 걱정하기 때문에 우리의 진정한 경험을 억제한다. 그렇게 되면 아이들이 잠재적으로는 치료자와 '어긋나고' '연결되지 않는' 경험을 하게 된다는 사실을 우리는 깨닫지 못하고 있다.

치료자들이 두려움, 불안, 슬픔, 분노와 같은 감정을 느끼고 그 경험을 숨기려고 애쓸 때, 아이들은 치료자의 비언어적, 언어적 단서를 포착할 수 있다. 이러한 단서는 치료자가 진실하지 않다는 것을 아동에게 알려 주는 것이다. 아이들의 뇌는 환경의 불일치를 찾고 있음을 기억하라. 한 단계 더 나아가 실제로 그러한 감정이 일어나는 순간에 치료자가 어떻게 하는지를 아이들이 보고 모델로 삼고 있다는 사실을 깨달아야 한다. 예를 들어, 치료자가 겁이 날 때마다 미소를 짓거나 주제를 바꾸고 신체와 연결을 끊거나 괜찮은 척하면 아이들도 똑같이 하는 것을 배운다.

나는 당신이 놀이치료실에 혼자 있어도 괜찮다는 것을 안심시키려 한다. 사실, 아이의 강렬한 놀이를 이용하여 자신을 조절하는 것을 돕고 싶다면 이것은 필수적이다. 왜냐하면 우리가 기꺼이 진정성 있게 하지 않을 때, 대부분의 아이는 우리가 진정성 있게 반응하도록 하려고 놀이를 더 강하게 할 것이기 때문이다. 나는 치료자가 '진정성 있게' 했기 때문에 아이가 상처받는 것을 본 적이 없다. 그러나 나는 오히려 치료자와 깊이 연결되지 못하고 치료자 스스로가 너무 무서워서 아동이 시작한 놀이에 들어가 자신의 실제 경험을 일치되게 공유하고 표현하지 못해서 놀이에 최대한 깊이 들어가지 못하는 아이들은 보았다. 나는 또한 치료자가 아동이 공격놀이 중에 자신의 강렬함을 통합하는 방법을 배우도록 돕지 않고 놀이를 멈추게 하였기 때문에 아이들이 신경계의 조절 불능 상태를 통합할 수 없었던 것을 보아 왔다.

'해야 한다.'는 생각이 주는 방해

다음 장에서는 과각성 또는 저각성 방향으로 공격적인 놀이나 죽음이 심화될 때 놀이치료실에서 해야 할 몇 가지 실제적인 것들을 공유할 것이다. 그러나 그 전에 놀이치료실에서 우리가 진짜로 '진정성 있게 하는 것'을 방해하는 모든 '해야 한다.'와 '하면 안 된다.'를 잠시 살펴보는 것이 중요하겠다. 나는 완전히 진실하다는 것이 많은 치료자에게 과한 생각이라는 것을 알고 있지만 그것이 매우 효과적이고 필요하다는 것을 우선적으로 말할 수 있다.

생각해 보기

진정성 있게 아이를 대하는 것에 대해 생각해 보세요. 이때 마음속에 떠오르는 모든 '~해야 한다.'와 '~하면 안 된다.'를 적어 보세요. 일반적인 예시는 다음과 같습니다. '내가 화가 났다고 아이들에게 말해서는 안 된다.' '아이들이 나를 돌보고 싶어 할 수도 있기 때문에 내 감정을 아이들에게 말해서는 안 된다.' '아이들에게 너무 과할 수 있기 때문에 완전히 진실되어서는 안 된다.' 목록을 작성한 후 이러한 메시지를 어디서 배웠는지 생각해 보세요.

진정성 있는 반응 나누기

시너제틱 놀이치료 맥락에서 진정성은 아동이 시작한 놀이에 대한 반응으로 우리가 진정성 있는 반응을 할 수 있도록 아동과 우리 자신을 조율하는 것을 의미한다. 아이들에게 우리의 사생활을 공유하거나 아이에게 수갑을 채우고 감옥에 가두었을 때, 치료자가 그 나이 때 타임아웃 처벌을 받았던 일이 생각났다고 말하라는 의미가 아니다. 놀이치료실에서의 진정성은 아이들이 주도하는 놀이와 나누는 이야기가 그들과 부합하는 것처럼 우리 내면의 상태에 대해 진실하고 일치하는 것을 의미한다.

본질적으로 아이들은 강렬한 놀이에서 두 가지를 찾고 있다.

- 치료자는 강렬함을 유지하면서 그것을 통해 아이들이 조절하도록 도울 수 있는가?
- 치료자는 연기를 하는가, 아니면 진심으로 머무는가?

내가 아이와 힘차게 칼싸움을 하고 있는데 웃고 있거나 얼굴에 환한 미소를 띠고 있다면 아마 진정성이 없는 것일지도 모른다. 공격적인 놀이를 보고 있는데 겁이 났으면서도 큰 소리로 말하려 하지 않고 아무렇지 않은 척한다면 진정성이 없는 것이다. 내가 불안해 보이거나, 의기소침해 보이거나, 조절 불능의 다른 징후를 보임에도 내가 말하는 것이 내 얼굴과 일치하지 않으면, 아이는 이런 불일치를 알아차릴 것이다. 이런 모든 경우는 힘든 상황 속에서 신경계를 조절하는 방법을 모델링할 기회를 놓치는 것이다. 그러면 아이들은 치료자가 진정성을 드러내게 하려고 강렬한 놀이를 더 증폭시킬 것이다. 그것은 치료자가 제공한 것이다. 왜냐하면 치료자가 진정성이 부족하다는 것은 아이에게 위협으로 인식될 수도 있기 때문이다.

나는 이 점을 다시 한번 강조하고자 한다. 당신의 몸은 거짓말을 하지 않는다. 당신은 아이에게 아무것도 숨기지 않는다. 우리는 아이에게 무슨 일이 일어나고 있는지 느끼지 못하는 척하는 것을 멈춰야 한다. 우리가 아이에게 해를 끼칠 수 있는 순간은 경험하는 것에 대해 솔직하지 않을 때라고 말해 주고 싶다. 진심 어린 반응은 경험을 다룰 수 있는 기회를 제공한다. 경험을 연기하면서 척하고 부인해서는 안 된다.

우리 의사소통의 대부분이 비언어적이라는 것은 잘 알려져 있다(Mehrabian, 1972). 이는 우리가 말로 하는 것만큼, 그 이상으로 행동에도 주의를 기울여야 함을 의미한다. 이것은 아이들에게 훨씬 더 중요하다. 아이들은 우리가 말하는 것보다 우리가 행동으로 보여 주는 것에 훨씬 더 많은 관심을 기울이기 때문이다. 아이들은 우리의 말을 듣는 것이 아니라 우리를 읽고 우리의 몸짓과 표정을 보면서 우리를 느낄 것이다. 아이들은 우리를 평가하고, 정보를 수집하고, 우리가 안전한 사람인지 위협적 사람인지 판단한다. 아이들이 우리에 관한 것을 이해하지 못하면, 아이들의 뇌는 우리를 잠재적인 위협으로 간주할 것이다. 최소한 그들은 우리와 하는 놀이에 완전히 몰입하기보다는 우리를 알아내려고 노력하는 데 시간을 할애할 것이다.

아이들에게 진짜가 되기 위한 치료자의 진정성

때때로 치료자는 진짜 칼이나 실제로 위험한 것이 아닌, 풀 누들 (pool noodle)이나 인형으로 공격을 받기 때문에 자신의 감정이나 감각의 깊이에 접근하는 데 어려움을 겪는다. 뇌는 실제로 일어나는 일과 상상하는 일을 구분할 수 없다는 사실을 알고 있는가? 이를 염두에 두고, 아동들은 치료자가 자신들이 어떻게 세상을 지각하는지를 느낄 수 있게 하려고 애쓰고 있음을 기억하라. 이는 무슨 일이 일어나고 있든 그들에게는 진짜로 느껴진다는 것을 의미한다. 따라서 그들이 원하는 진정한 반응에 다가가려면 당신도 진짜처럼 느껴야 한다.

이것이 우리가 이해해야 하는 매우 중요한 점이다. 나는 학생들에게 잠시 동안 그들에게 일어나고 있는 일이나 그들이 목격하고 있는 모든 일이 진짜라고 상상하라고 말한다. 나는 그 일이 실제로 일어난 것처럼 반응하라고 요청한다. 그렇게 하는 순간, 방 안의 에너지와 일치하는 진정한 반응이 나온다. 이렇게 하지 않을 경우, 결국 아이들은 내면세계의 감정을 반영하는 진정한 반응을 얻을 때까지 계속해서 그것을 증폭시키거나 아예 포기해 버릴 것이다.

이것에 대해 좀 더 자세히 살펴보자. "하지만 내가 정말로 풀 누들

(pool noodle)이나 인형을 무서워하지 않는다면 진정성이 없는 것일까?"라고 궁금해할 수도 있다. "그건 인형이고 진짜로 나를 해치지 않을 것을 알고 두려움을 표현하지 않는다면 그것은 진정성이 없는 것인가?" 대답은 '예'와 '아니요' 둘 다이다. 이와 같은 시나리오에서 내가 발견한 것은 치료자가 아동이 놀잇감을 사용하는 방법 때문에 발생하는 에너지를 느끼는 대신 위협적이지 않은 놀잇감 그 자체에 집중하거나, 그것들을 머릿속에서만 두고, 정서적으로 느끼지는 않는다는 것이다. 이 트릭은 정서적으로 넘치지 않거나 경험에 흡수되지 않으면서도 강렬하게 그 순간에 머물 수 있는 두 가지 경험을 모두 하는 것이다. 기억하라, 치료자는 실제로 위험에 처해 있지 않다는 인식(배쪽 부교감신경계 활성화)을 갖는 동시에 일어나는 감각과 감정을 느끼는(조절 불능) 경험을 해야 한다. 당신을 돕기 위해 마음챙김과 조절을 사용하라. 자신이 정말로 위험에 처해 있다고 믿거나 관용의 창을 벗어나려고 한다면 지금은 치료자가 경계를 설정해야 할 때다.

역할 놀이에서도 동일한 개념이 적용된다. 역할 놀이는 형식적인 연기다. 우리가 놀이 안에서 꾸중을 듣고 지하감옥에 갇힐 때, 놀이를 실제처럼 느끼면서 그에 따라 반응하는 것을 상상하도록 우리를 허용하지 않는다면, 우리는 거짓으로 반응을 보여 주는 것이다. 그러면 아동은 우리가 진실하지 않다는 것을 알게 될 것이다. 설정(Setup)이 실제로 일어났을 때 어떤 느낌일지를 우리 마음에 더 많이 받아들일수록, 우리의 반응은 더욱 진정성 있게 되고 아이의 눈에는 더욱 일치하게 보일 것이다.

신경 경로 변경하기

시너제틱 놀이치료에서 치료자는 놀이 회기 동안 가능한 한 진정성 있고 일치하도록 노력한다. 그렇게 함으로써 우리는 내담자가 강한 충격적인 경험을 치유하는 데 필요한 신뢰와 안전감을 전해 줄 수 있다. 치료자의 진정성은 내담자의 조절 불능 상태에 대한 외부 조절자 역할을 할 수 있도록 하여 조율을 극대화하는 데 도움이 된다(Schore, 1994). 즉, 우리가 진정성을 가질 때 아이들에게 신경계를 조절하고 뇌 활동을 변화시키는 방법을 가르치는 중요한 역할을 할 수 있다(Dion & Gray, 2014). Badenoch(2008)과 Siegel(1999)이 설명했듯이, 아동의 거울 뉴런 시스템이 활성화되면 치료자의 마음챙김과 진실한 표현이 기억을 담당하는 신경망에 있는 감정과 연결될 수 있는 새로운 뇌 활동을 촉진할 수 있다.

아이들의 신경계는 조절 불능 상태가 활성화되는 중에도 우리가 진정성 있고 현재에 머무는 것을 반복적으로 보여 줄 때, 그들의 오래된 프로그램은 중단되고, 아이들은 새로운 경험을 위한 기회를 만들고, 도전적인 내적 상태로 나아갈 수 있게 된다. 그들은 우리가 하는 것을 본다. 아이들이 도전적인 내적 상태를 향해 나아감에 따라 새로운 신경 연결이 생성되고 결국 새로운 신경 조직이 시작될 수 있다(Dion & Gray, 2014; Edelman, 1987; Tyson, 2002). 이제 우리는 충분한 반복을 통해 신경 시스템이 바뀔 수 있다는 것을 알고 있다. 그러나 우리는 대부분의 치료적 개입이 그 목표를 달성하지 못한다는 것도 알고 있다(Perry, 2006).

잭은 놀이치료실에서 불안감과 두려움을 생생하게 느낄 때, 내가 자기 조절을 위해 가슴과 배에 손을 얹고 심호흡을 반복하는 모습을 목격했다. 단 몇 번의 회기 만에 그는 강렬함을 끌어올릴 수 있었고 결국 자신을 위해 모델링된 자기 조절 행동을 시도할 수 있었다. 이런 일이 일어나기 위해서는 진정성 있는 나 자신의 실천이 필요했다. 그가 나를 놀리고, 내가 하는 것을 멈추어 버리게 하고 닫아 버리려 하고 겁주려고 할 수 있는 모든 일을 하는 가운데 나는 가능한 한 진정성을 유지했다. 나는 일어나는 모든 일이 설정의 일부라는 것과 내 임무는 그가 '느꼈던' 것을 느끼고 모델링을 통해 자기 조절을 위한 선택을 제공하면서 강렬함을 통합하도록 돕는 것임을 이해했다. 그 결과 잭은 새로운 신경 조직을 만드는 새로운 신경 연결을 만들 수 있었다. 흥미로운 점은 이런 방식으로 아이들과 함께 일할 때 모든 회기가 아이들이 새로운 정보를 통합하고 과거에 입력된 경험을 재구성하는 데 도움이 될 수 있다는 것이다.

- 아동들은 치료자가 불일치하는 것처럼 느끼면, 치료자가 진정성 있고 일치하는 반응을 보일 때까지 놀이를 증폭시키는 경우가 많다. 진정성은 안전을 만드는 데 도움이 된다.
- 아동이 시작한 놀이와 이야기에 대해 진실하고 분명한 반응을 보이는 것은 역할극이 아니다.
- 치료자가 놀이치료실에서 진정성 있게 하지 않을 때, 그들의 불일치는 아이의 뇌에 잠재적인 위협으로 인식된다.
- 놀이는 아이들에게 실제처럼 느껴지므로, 그들이 원하는 진정성 있고 일치하는 반응을 위해서는 치료자들도 실제처럼 느껴야 한다.
- 아이들은 치료자가 진정으로 조절하는 것을 모델링을 통해 보면서 내면의 불편한 생각, 감정, 감각을 향해 다가가는 것이 안전하다는 것을 배우게 된다. 이렇게 하면 뇌의 신경 경로가 더 높은 조절 능력을 갖추도록 변하기 시작하여 통합이 가능해진다.

09 경계 설정

여섯 살 사라는 놀잇감 선반으로 걸어가서 재빨리 수갑을 찾아냈다. 사라는 마치 어떻게 하는 것인지를 알아내려는 것처럼 수갑을 집어 들고 자물쇠를 자세히 살펴보았다. 돌아서서 치료자를 정면으로 바라보았을 때, 사라의 눈은 커졌고 호흡이 달라졌다. 사라는 확실히 불안해 보였다. 그녀는 치료자에게 달려가 팔을 등 뒤로 밀려고 했지만 치료자는 팔을 뺐다.

"여기서는 이렇게 할 수 없어."라고 치료자는 말했다. "나에게 수갑을 채우는 것은 안 돼."

사라는 깜짝 놀랐다. 사라의 보디랭귀지와 표정은 많은 것을 말해 주었다. 그녀는 자신이 무엇인가 큰 잘못을 저질렀다고 생각했다.

위의 대화는 놀이치료 회기를 관찰하던 중에 본 장면이다. 나는 새로운 가능성을 알려 주기 위해 이 이야기를 공유한다. 우리 모두는 두려움이나 좌절감 때문에 경계를 설정하고 그 경계가 실제로 필요한지 의

문을 가지기도 하고, 그 경계를 사용해 온 방식을 후회하곤 한다. 경계
를 설정하는 것은 놀이치료에서 매우 중요한 주제다. 이것을 어떻게 해
야 하는지, 언제 해야 하는지, 심지어 치료자는 경계를 설정하는 이유
에 대해 많은 신념과 아이디어를 가지고 있다. 따라서 이 주제를 명확
하게 하기 위해 우리는 잠시 멈추고 스스로에게 다음과 같은 중요한 질
문을 던져야 한다. 경계의 중요한 점은 무엇인가?

　나는 학생들에게 이 질문을 수백 번 했는데, 불가피하게도 대답은 다
음과 같았다. "모르겠어요. 그건 제가 해야 하는 것이 아닌가요?" 또는
"그 아이는 그 회기에서 그렇게 행동해서는 안 돼요. 저는 아동에게 적
절한 행동 방법을 가르쳐야 해요." 또는 "저와 놀잇감이 그런 식으로 취
급되어서는 안 돼요."

　경계를 이해하고 작업하는 새로운 방법을 탐색하기 전에 다음 질문
에 답해 보자.

 생각해 보기

잠시 시간을 내어 놀이치료실에서 경계를 설정하는 이유에 대해 생각해 보세
요(당신이 경계를 설정한 아동을 생각하고 그 아동을 떠올리면서 질문에 답하
면 도움이 될 수 있다). 잠시 시간을 내어 답을 기록해 보세요.

정답은 없습니다. 기록한 내용은 자신의 신념과 관용의 창에 대한 정보입니다.
이 장을 읽으면서 여러분의 답변을 곰곰이 생각해 보기 바랍니다. 다 읽은 후
기록한 내용을 다시 검토해 보세요. 수정하거나 추가하고 싶은 내용이 있는지
확인해 보세요.

경계는 개인마다 다르다

내가 소개하려는 내용은 경계 설정에 대한 다른 생각과 상충될 수 있다. 머리를 흔들고, 눈썹을 찌푸리고, 입술을 쭉 내밀고 있다면 아주 훌륭하다! 놀이치료사로서 우리는 놀이치료 회기에서 '해야 한다.'와 '하면 안 된다.'에 관해 우리의 생각에 의문을 던지고 패러다임 전환에 마음을 여는 것이 중요하다.

 생각해 보기

방금 기록해 놓은 내용을 살펴봅시다. 그중 '해야 한다.' 또는 적절한 행동의 정의에 대한 신념을 기반으로 하고 있는 것이 얼마나 많은가요?

치료자는 경계가 필요하다고 생각하는 순간 내적 갈등으로 혼란을 겪을 수 있다. 우리가 경계를 설정해야 한다고 생각하거나 그 생각 때문에 경계를 설정하면 그 결정에 대해 확신을 갖지 못하고 나중에 스스로에게 의문을 제기할 수 있다. '해야 한다.'는 것이 자신에게는 위협으로 느껴지고 진정성을 방해한다는 점을 기억하라!

때때로 치료자는 아이에게 적절한 행동을 가르치기 위해 경계가 필요하다고 진정으로 믿기 때문에 경계를 설정한다. 그러나 이 장의 시작 부분에 있는 이야기처럼 그때 아이와 약간 연결되지 못한 느낌을 받거나 왜 아이가 갑자기 가속화되거나 뒤로 물러날까 의아해한다.

이러한 예를 공유하는 것은 무엇이 좋고 나빴는지 판단하기 위해서가 아니라 우리에게 도움이 될 수 있는 정보가 있기 때문이다. 경계를 설정하는 이유가 명확해지면 아이나 우리 자신이 수치심을 느끼지 않는 방식으로 경계를 설정할 수 있다.

경계는 중요하다

경계를 정할 때, 치료자는 여전히 자기 자신이 되는 것이 중요하며 아이도 마찬가지다. 애초에 경계를 설정하는 합리적 근거를 바꾸면 이를 달성할 수 있다.

새로운 패러다임을 받아들일 준비가 되었는가? 심호흡을 하고, 이것을 읽으면서 몸을 움직여 보고, 이것을 받아들일 수 있도록 조절해 보자.

아이들은 놀이치료실에서 경계가 필요하지 않고 치료자는 필요하다!

놀이치료실에서 공격의 목적을 살펴보자. 놀이치료 회기는 아이들이 자신의 신경계를 조절하는 방법을 배우고 공격성을 포함하여 자신과 자신의 삶에 대한 지각을 놀이로 표현하고 이해하려고 시도하면서 일어나는 모든 힘든 기억, 감정 및 신체 감각을 통합하는 방법을 배우는 곳이다.

아이들이 표현하고자 시도하는 것은 무엇이든지 그 욕구를 막지 않는 것이 중요하다.

우리가 해야 할 일은 아이들의 에너지 움직임을 유지할 수 있는 방법을 찾도록 돕는 것이다. 이는 치료자가 샌드백을 치거나 일어나는 일이 무엇이든 간에 모두를 허용한다는 의미는 아니다. 패러다임의 차이점은 경계가 치료자를 위한 것이라는 점이다. 아이들이 하던 것을 계속할 때 우리가 현재에 머물기 힘들거나 범람할 정도로 조절이 엉망이 되었다고 생각하는 순간, 그때가 경계를 설정할 때다.

우리를 관용의 창 안에 머물게 하고 현재에 머물고 조율을 하려면 경계가 필요하다. 우리의 관용의 창은 공격적인 놀이에서 나오는 에너지를 담는 용기다. 많은 학생들이 나에게 "언제 경계를 설정해야 합니까?"라고 묻는다. 내 대답은 "모르겠어요. 언제 필요할지, 특정 순간의 관용의 창이 얼마나 큰지 어떻게 알 수 있겠습니까?" 언제 경계를 설정해야 하는지는 오직 본인만이 알고 있다.

경계 설정은 유연한 경험이다

강렬함 속에서 관용의 창이 정말로 큰 날도 있어서, 현재에 머물 수 있는 나의 능력이 큰 날도 있다. 기분이 좋지 않은 날이나 나의 에너지와 존재감 수준에 영향을 미치는 개인적인 일상 사건이 발생한 날은 그렇게 되지 않는다. 어떤 날에는 다른 날보다 현재에 머무르는 것이 확실히 더 쉽다. 그리고 나는 이 부분에 대해 우리 자신에게 솔직해질 필요가 있다고 생각한다.

우리의 개인적인 히스토리도 경계를 설정해야 할 때 중요한 요소가 될 수 있다. 치료자가 어렸을 때 폭력을 당했거나 목격했고 자신의 경험에 대한 감정이 완전히 통합되지 않은 경우, 아이가 놀잇감을 가지고 폭력적인 싸움을 목격하기를 바라거나 놀이에 참여하기를 원한다면 현재 상태를 유지하는 것은 더 힘든 일일 수 있다. 치료자가 경계를 설정하는 시간은 치료자의 신경계가 버틸 수 있는 수준을 놀이가 넘어서는 순간이다.

또한 경계를 설정해야 할 때 영향을 미칠 수 있는 신체적 한계도 있다. 임신 중이었을 때 어린 남자 아동과의 놀이치료 회기였다. 아이는 나의 한쪽 손과 문에 수갑을 채워 돌아다닐 수 없게 했다. 그런 다음 다른 한 손으로 칼싸움을 하게 했다. 아이가 내 배에 칼을 휘두르면 아기를 보호할 수 없다는 걸 알았고, 내 아기가 안전하지 않다는 걸 깨달으면서 칼싸움에 집중할 수 없었다. 바로 그 순간이 경계 설정을 해야 할 때였다.

경계 설정은 여러 가지 이유로 필요하며, 대부분은 치료자가 현재에 머무를 수 있도록 돕는 것과 관련이 있다.

어떻게 경계를 설정해야 할까

이 새로운 패러다임을 기반으로 우리는 안전에 대한 신경지를 만드는 데 도움이 되는 경계를 설정하여 배쪽 부교감신경계 상태로 들어가고 현재에 머물면서 외부 조절자 역할을 할 수 있도록 한다. 어떤 이유든지 간에 우리는 관용의 창에 머물 수 없는 순간에 경계를 설정한다. 그럼 어떻게 해야 할까? 경계 설정은 어떤 모습일까?

첫째, 우리가 에너지를 멈추려고 하는 것이 아니라는 점(이것은 우리의 공포반응이 우리에게 하기를 바라는 것)을 명심하길 바란다. 우리는 현재에 머물 수 있도록 하고 아이가 자신에게 일어나는 감정과 감각을 계속 탐색할 수 있도록 방향을 바꾸려고 노력하고 있다. 우리는 뇌가 위협으로 인식하지 않도록 하고 계속해서 놀이에 참여하기를 원한다.

몇 가지 시나리오를 살펴보고 아동의 관점에서 토론해 보려 한다.

시나리오 1

이 장의 시작 부분에 있는 사라와 그녀의 치료자 이야기에서 치료자
는 놀이를 멈추었고 사라에게 수갑을 채우는 것은 허용될 수 없다고 말
했을 때, 사라는 멈추었고 혼란스러워했다. 왜 그랬을까?

사라의 뇌는 두 가지를 경험했을 것이다. 환경의 불일치 그리고 '해
야 한다.' 또는 '이럴 때는 하면 안 된다.'라는 것이다. 그녀의 뇌는 '여
기에 수갑이 있는데 왜 당신에게 수갑을 채우는 것이 허용되지 않는 걸
까? 수갑은 그렇게 하라고 둔 것이 아닌가? 그렇지 않다면 수갑은 왜 여
기에 있는 걸까?'라고 생각했을 것이다.

시나리오 2

치료자는 네 살 벤과 함께 강렬한 놀이 순간에 참여하고 있다. 벤은
소리를 지르고, 당신을 찌르고, 모든 방향에서 다가오고 있다. "잠깐. 이
거 알지? 이건 너무 과해." "여기서 이렇게 노는 건 안 돼."라고 말한다.
갑자기, 당신은 지금까지 이렇게 말해 왔다는 것을 알아차리게 된다.

벤의 뇌는 경계 설정에 대해 혼란스러움과 급작스러운 특성으로 인
해 이를 위협으로 인식할 가능성이 높다. 벤은 표현하려다가 멈추고 표
현하는 것은 안 된다는 메시지를 전했다. 그는 아마도 자신의 신경계
가 해야 할 필요가 있다고 하는 것과 해서는 안 된다고 들어온 것 사이
에서 내적 갈등을 경험할 것이다. 아마도 이것은 그가 극도로 흥분하여
다른 사람들을 압도시켰을 때, 놀이치료실 밖에서 들었던 것과 같은 메
시지일 것이다.

시나리오 3

당신은 아홉 살 샐리와 칼싸움을 하고 있는데 샐리가 당신을 붙잡고 아주 세게 때린다. 당신의 버튼이 눌려지고 단호하게 말한다. "여기서는 치료자를 다치게 하면 안 된다는 규칙이 있어. 너는 나를 다치게 해서는 안 돼."

샐리의 뇌는 '하면 안 된다.'는 메시지를 받고 있기 때문에 이것을 위협으로 인식할 가능성이 높다. 그녀는 또한 치료자가 칼싸움을 하고 있으면서, 치료자를 다치게 하면 안 된다는 불일치로 인해 혼란스러워할 수도 있다. 사람들은 때때로 칼싸움으로 인해 다치기도 한다.

또 다른 고려 사항은 치료자가 트라우마를 다루는 상황에서 "너는 나를 다치게 할 수 없다."와 같은 규칙을 설정할 때 무심코 아이들에게 그 순간에 그들이 가해자라고 말하는 것이 된다. 치료자는 이것을 모든 설정의 일부로 기억하고 다른 방법으로 경계를 설정하기보다 그 방에서 아이를 나쁜 사람으로 만들고, 공격성을 아이의 것으로 돌려 버렸다.

'해야 한다.'나 '하면 안 된다.'는 생각 또는 두려움 때문에 경계를 설정할 때, 아이가 아마도 일상에서 이와 같은 일부 버전을 경험했을 수도 있고 여전히 경험하고 있을 수도 있다는 점을 고려해야 한다. 아이들은 자신의 극도로 각성된 상태를 표현하려고 노력하면, 대부분 "그만해. 참아. 진정해. 너는 너무 과해."라는 말을 들었을 것이다. 우리가 갑자기 놀이를 중단시키면서 "안 돼."라고 말할 때, 그것은 특정 감정을 표현하는 것이 옳지 않다는 생각을 강화시키고 그 이야기를 지지하는 뇌 배선도 강화하는 것이 되는 것에 대해 고려해 보라.

아이들이 경계에 의해 수치심, 통제되는 느낌, 위협감을 느낄 때 감정을 증폭시키는 것은 드문 일이 아니다. 나는 치료자가 경계를 설정하자마자 아이들이 치료자로부터 통제력을 뺏기 위해 할 수 있는 모든 일을 하는 수많은 상호작용을 지켜봐 왔다. 간단히 말해서, 아이들은 경계가 설정되었을 때 자신이 느끼는 것이 어떤 것인지 치료자가 느끼도록 설정한다.

흐름 유지하기: 인정하기와 재지시하기

경계를 설정할 때 다음 사항이 중요하다.

- 깊이 호흡한다.
- 아이가 생생하게 느낄 수 있도록 치료자는 현재에 머문다.
- 말할 때는 위협적이지 않으면서 진지한 목소리를 사용한다.
- 가능하면 눈을 마주치되 강요하지 않는다.
- 재지시하기 전에 인정한다.
- 감정에 휘둘리지 않는다.

"안 돼."라고 말하거나 놀이를 중단하지 않고 경계를 설정하면서, 동시에 에너지를 계속 움직이고 아이와 연결을 유지하는 방법에 대한 몇 가지 예를 살펴보겠다.

행동으로 재지시

당신의 관용의 창 안에서 아이들이 에너지를 어디로 보낼 수 있는지 이해하도록 도와주어라. 이것이 의미하는 바는, 아이들이 할 수 없는 것 대신에 할 수 있는 것을 알게 해 주라.

예시 1 에너지를 보내고 싶은 곳을 몸으로 보여 주라

당신은 여섯 살짜리 숀과 빠른 속도로 칼싸움을 하고 있는데, 숀이 머리쪽으로 칼을 휘둘러 압도감을 느끼기 시작했다. 이제 당신은 더는 감당하기 어렵고 그가 계속 머리 쪽으로 휘두른다면 더 이상 현재에 머무를 수 없다고 생각했다. 싸우는 동안 당신은 아이의 눈을 바라보면서 목소리를 바꾸고 머리 아래쪽에 있는 모든 것을 가리키며 "숀, 여기서부터 아래쪽은 쳐도 돼!"라고 말해 보라.

예시 2 움직임을 유지하기 위한 담아 주기

20분 동안 여덟 살 재닛은 모래상자에서 다양한 장면을 꾸몄는데, 모든 것이 어떤 면에서는 극도로 폭력적이다. 어렸을 때 폭력을 지켜본 경험이 있으면 당신은 내적으로 상당한 불안감을 느끼고 관용의 창이 한계점에 도달했음을 느끼기 시작한다. 그때 재닛은 모래상자에 있는 모든 모래를 바닥에 버리려고 한다. 당신은 이미 한계에 가까워졌기 때문에 재닛이 당신의 몸에 하려고 하는 행동을 통제하고 막아야 한다는 강한 욕구를 느끼게 되고, 경계를 설정할 시간이라는 신호를 자신에게 보내게 된다.

당신은 그녀와 눈을 마주치고, 지금까지 경계 설정에서 사용하던 목소리와 다르게 바꾸면서 이렇게 말한다. "재닛, 이렇게 하는 게 너에게 아주 중요한 것이구나. 모래를 꺼내야 하는구나." 재닛이 모래놀이를 계속할 수 있도록 샤워 커튼을 잡아 재빨리 바닥에 깔고, 그 위에 모래를 버리자고 안내한다. 당신은 다시 한번 현재에 머물면서 그녀의 놀이 과정을 촉진하기 위해 도움을 줄 수 있다. (그녀가 유기적으로 모래로 노는 것을 변경하지 않으려고 하고, 놀이 안에서의 폭력성을 계속한다면, 치료자는 그녀에게 "다른 방법으로 해 보자."라고 아래에 제시한 것처럼 지시할 수 있을 것이다.)

언어로 재지시

때로는 적게 말하는 것이 많이 말하는 것보다 낫다. 놀이치료실에서 사용하기에 아주 강력한 두 가지 표현이 있다. 나는 그것을 경계 설정의 '황금 진술'이라고 부른다. 두 문구 모두 질문으로 묻지 않고 진술로 말하는 것이 중요하다.

예시 1 다른 방법으로 해 보자

세 살 테일러는 모래 한 숟갈을 들고 당신을 향해 돌진하며 입과 눈에 모래를 뿌리려고 한다. 당신은 테일러의 눈을 바라보며 목소리를 바꾸면서 "다른 방법으로 해 보자."라고 말한다.

테일러는 "아니요. 입에."라고 말한다.

당신은 다시 아이의 눈을 바라보고 그 자리에 서서 이렇게 말한다. "테일러, 이건 너에게 정말 중요한 것이구나. 얼굴과 입에 모래를 뿌리고 싶은 거네. 이 방에 있는 다른 얼굴과 입에다가 해 보자." (테일러는 세 살이고 트라우마 기억을 재현해 내는 중이므로 좀 더 구체적으로 말해야 할 것이다.)

아이는 선반으로 걸어가서 아기 인형을 집어 바닥에 내려놓고 눈과 입에 모래를 뿌렸다.

예시 2 ⟩ 너를 이해하기 위해서 내가 다칠 수는 없어

당신은 여섯 살 줄리에게 놀이에서 인정하고 재지시하도록 두 번을 시도한 적이 있었고, 그 후 두 번째 시간에 줄리는 당신을 치면서, 의도치 않게 당신에게 마커를 던질 때, 당신은 심호흡을 하고 줄리를 바라보며 이렇게 말한다. "줄리야 너를 이해하기 위해서 내가 다칠 수는 없어." 이어서 "다른 방법으로 해 보자."라고 말한다.

그녀는 다시 한번 마커를 향해 손을 뻗으면서 당신을 바라보았다.

당신은 그녀와 눈을 마주치고 마음을 가라앉힌 다음 위협적이지 않지만 진지한 목소리로 "너를 이해하기 위해서 내가 다칠 수는 없어."라고 다시 말한다. 당신은 다시 심호흡을 하였고, 그녀는 마커를 내려놓았다.

아이들은 당신이 이해하고 있다는 것과 당신이 놀이를 통제하거나 멈추려고 하지 않는다는 것을 진심으로 알 필요가 있다. 가장 중요한 것은 그들이 당신과 당신의 존중을 느낄 필요가 있다는 것이다. 놀이 중에 이러한 방식으로 경계를 설정하는 것은 아이들에게 다른 사람의 요청을 듣고, 공감하고, 존중하는 방법을 가르치는 것이다. 치료자가 전하는 메시지는 '내가 불편하니까 너는 그만해야 돼.'가 아니라 '중간에서 만나자. 나는 나를 돌보려 해.'인 것이다. 아이에게 본보기가 되는 것은 관계에 있어서 얼마나 아름다운 교훈인가.

이 모든 예에서 아이들은 이해받고 있다고 느낀다. 그들은 또한 존중받는다고 느끼는데, 이는 매우 중요하다. 경계가 이런 식으로 설정되면 대부분의 아이들은 변화하고 다른 길을 찾을 것이다. 왜냐하면 진실은 그들이 당신과 놀고 싶어 하고 당신이 이해해 주기를 원하기 때문이다. 경계를 설정할 때 통제된 상태를 유지하고 아이와 조율할 수 있다면 아이의 신경계가 필요한 일을 지속하도록 허용할 수 있다. 놀이의 방향을 바로 바꾸지 않는 아이들은 항상 있을 것이고, 여러분은 그 말을 몇 번이고 해야 할 수도 있다. 그래도 괜찮다. 앞에서 언급한 팁을 전달하는 말에 넣었는지 체크하고, 인정하고 재지시하는 것을 계속해서 해 본다.

나는 공격성을 조장하고 있는가

공격성을 조장하는 것에 대한 두려움은 내가 이 새로운 관점을 가르칠 때 나타나는 가장 일반적인 두려움이다. 치료자들은 '해야 한다.'고 생각할 때 경계를 설정하지 않으면 아이가 집이나 학교에서 공격적으로 변할 것을 두려워한다. 치료자는 공격적인 행동을 조금이라도 조장하게 될까 봐 두려워한다. 그러나 내가 발견한 것은 치료자가 마음챙김, 움직임, 호흡을 진정성 있게 활용하고 놀이치료실에서의 강렬함을 조절하기 위해 자신의 경험을 큰 소리로 언어로 표현할 때 그 외에

도 아동의 놀이에 대해 관찰적인 진술을 하는 것은 아동이 다음 사항을
할 수 있게 해 준다는 것이다. 그것은 아이들이 높은 수준으로 활성화
된 조절 불능 상태를 탐색하고 충동, 감각, 강렬함 및 정서에 대한 인식
을 발전시키기 시작하도록 해 준다. 아이들이 좀 더 마음챙김 방식으로
자신의 강렬함을 향해 나아감에 따라, 아이들이 더 현재에 머물고 자신
과 연결되면서 강렬함은 실제로 사라지기 시작한다. 아이가 집이나 학
교에서 더 공격적으로 변하는 경우는 드물지만, 이런 일이 발생하면 일
반적으로 아이가 큰 위협이나 도전으로 느끼는 환경에서 다른 일이 벌
어진 경우다.

반면, 치료자가 놀이나 역할극을 하는 동안 강렬함을 조절하면서 실
제 경험을 언급하지 않거나 관찰 진술만 사용하는 경우 아동은 일반적
으로 실제 반응을 얻을 때까지 놀이를 증폭시킨다. 비록 해소감과 카타
르시스가 있기는 하지만 그것이 반드시 에너지가 통합되거나 아이들이
자신의 감각과 감정에 대한 강한 자각을 발달시키고 있다는 것을 의미
하지는 않는다. 이것이 치료 회기 밖에서 더 많은 액팅아웃(Acting out)을
일으킬 가능성을 가져오는 것이다. 당신의 진정성 있는 함께 머물기와
아동을 위한 외부 통제자로서의 역할을 과소평가하지 말라.

안전 문제

또 다른 진실의 순간을 맞이할 준비가 되었는가? 내가 제안하는 대
로 경계를 설정하든, 아니면 아이들이 하는 것은 무엇이든 할 수 없다
고 말하는 것과 같은 방법을 선택하든, 때때로 아이들은 방향 전환 지

점을 지나서 공격성이 다음 중 하나의 수준에 도달할 것이다. 당신이나 다른 사람들이 다칠 수 있다. 안전 문제가 발생할 정도로 상황이 커지면 강력한 경계를 설정하고 '안 돼.'라는 단어를 사용해야 할 가능성이 높다. 내 경험에 따르면 이러한 순간은 드물지만 그럼에도 불구하고 발생한다.

사람들이 발작을 하고 있을 때 옆에 있었던 적이 있는가? 그렇다면 사람들이 발작을 일으키고 있을 때 안전하게 보호하기 위해 머리 밑에 무엇인가를 넣거나 머리를 들고 있는 것보다 손을 대지 말아야 하는 것을 알 것이다. 발작의 에너지가 흐르도록 놔두어라. 당신의 임무는 방해가 되지 않고 그들을 환경으로부터 안전하게 보호하는 것이다. 아동이 이런 수준의 공격성을 나타내는 것도 비슷한 과정을 거친다. 당신의 주요 임무는 자신과 아동의 안전을 지키는 것이며, 경험을 통해 자신의 방법에 대해 창의력을 발휘하고 직관을 믿는 것이다. 이 순간에 대한 가이드북은 없다. 그러나 지금은 아이를 이성적인 과정에 참여하도록 애쓸 때가 아닐 수도 있다. 이런 순간에는 말을 멈추고 숨을 쉬는 것이 가장 좋다. 그라운딩하고, 현재에 머물면 아이는 당신을 느낄 수 있을 것이다. 이것이 이 순간에 대한 솔직한 진실이다. 정서적으로 혼란스러워질 수 있다는 것과 교정하기를 해야 될 수도 있음을 알면서 당신은 최선을 다할 수 있다.

교정하기

때로는 극도로 높은 강렬함을 조절하기 위해 할 수 있는 일을 하는 것만으로는 충분하지 않을 때도 있다. 이 책에서 배운 내용을 연습한 후에도 경계를 설정하는 것을 잊어버릴 정도로 강렬하고 압도적인 회기를 갖게 되는 것은 불가피하다. 당신은 자신의 관용의 창을 넘어서서 매우 조절 불능 상태가 될 것이다. 당신은 인간이다. 기억하라. 당신은 정서적으로 압도될 것이다. 이 순간 두려움 때문에 경계를 설정할 가능성이 높으며, 이는 아이의 마음에 갑작스럽고 통제적이며 심지어 수치심을 주는 것으로 작동될 것이다. 이런 일이 발생하면 당신이 나만 그런 사람이 아니라는 것을 알아야 한다. 이렇게 해 본 적이 없는 놀이치료사를 아직까지 만나 본 적이 없다. 이것의 아름다운 점은 우리가 매우 인간적인 순간으로 들어가서 교정을 하면 된다는 것이다. 나는 아동을 대상으로 하는 모델링이 매우 심오하고 귀중한 것이기 때문에 교정하기를 좋아한다.

 생각해 보기

> 잠시 시간을 내어 두려움 때문에 경계를 설정하고 아이에게 화를 내고 단호하게 되는 것을 상상하거나 회상해 보세요. 무슨 일이 일어나고 있나요? 같은 상황이 다시 발생한다면 다음에는 어떻게 다르게 시도해 볼 수 있을까요?

두려움 때문에 경계를 설정했고 원하는 방식으로 처리하지 못했다는 사실을 깨닫자마자 이번 회기나 다음 회기에서 즉시 교정하는 작업을 수행할 기회가 있다. 예를 들어, 아이와의 다음 회기가 시작될 때 "죠이야, 지난번에 우리가 놀다가 네가 갑자기 화를 냈을 때 내가 멈추라고 했고, 네가 그럴 수 없다고 했던 거 기억나니? 그렇게 했던 것이 네게 썩 좋지는 않았지? 그때 선생님 뇌가 정말 놀래서 그런 말을 하게 됐어.

그리고 숨쉬기, 움직이기, 내가 어떻게 느끼는지를 너에게 말하는 것과 같이 나를 돌볼 수 있는 일들을 할 수 없다고 생각하니까 덜컥 겁이 나더라고! '다른 방법으로 해 보자.'라는 말을 꼭 하고 싶었는데 그때는 그 말이 안 떠올랐어. 그래서 오늘 또 네가 그렇게 놀고 싶고 내가 나를 돌봐야 한다면 이번에는 '다른 방법으로 해 보자.'라고 말할게. 그러면 우리는 계속 놀 수 있을 거야. 너와 함께 노는 게 나에게 정말 중요하거든.”

이것이 아이에게 무엇을 가르치는가?

- 인간적이어도 괜찮다.
- 다른 사람에게 영향을 미치는 어떤 것을 할 때 우리는 책임이 있다.
- 다시 시도하는 것이 중요하다.

관용의 창이 확대되면, 더 적은 수의 경계를 설정해도 편하게 느낄 것이고, 당신이 필요한 경계 유형도 변경되는 경향이 있을 것이다. 대부분의 경우, 아이들은 공격적으로 변할 때, “안 돼.”라는 말을 듣지 않고도, 그들이 하고 있는 것이 안 되는 것이라는 말을 듣지 않고도, 그들의 놀이를 멈추지 않고도, 재지시를 받을 수 있게 될 것이다. 아이가 수치심을 느끼지 않으면서도, 그 과정이 계속 진행될 수 있도록 경계를 설정하는 것이 중요하다.

핵심 요약

- 경계는 치료자가 관용의 창에 머무르는 데 도움을 주어 치료자가 계속해서 강렬함에 머물면서 조절하여 아동의 통합을 지원할 수 있도록 한다.
- 경계를 설정할 때 놀이를 중단하지 않고 에너지를 유지하면서 이동시키는 것이 중요하다. 가능한 한 "안 돼."라는 단어를 사용하는 대신 인정하고 방향을 바꾸는 것이 중요하다.
- "다른 방법으로 해 보자."와 "너를 이해하기 위해서 내가 다칠 수는 없어."는 경계 설정에서 가장 중요한 진술이다.
- 신체적 안전 문제와 관련된 경우 경계를 설정하는 것이 중요하다.
- 경계 설정이 잘되지 않을 때는, 그 순간을 반복하면 깊은 치료 효과가 있다.

10 너무 강렬한가: 정서적 범람과 작업하기

열 살인 맥스는 놀이에서 치료자를 쏘는 척했다. 그는 치료자를 구석으로 몰아넣었다. 치료자는 놀이를 중단하고 자신에게 총을 겨누는 것은 안 된다고 말했다. 맥스는 그 말을 듣지 않고 치료자를 쏘기 시작했다. 치료자는 이렇게 하는 건 이 방에서 허락되지 않는 행동이라고 다시 말했지만 맥스의 행동은 더욱 심해졌다. 치료자는 압도당하였고 무엇을 어떻게 해야 할지 몰랐다. 맥스의 행동을 멈추려고 총을 빼앗으려고 하자, 맥스는 치료자의 손을 깨물었다. 치료자는 자신을 물면 안 된다고 말했지만, 맥스는 또다시 치료자를 깨물었고 발로 차려고 했다. 이 모든 일은 맥스가 여전히 치료자에게 총을 겨누면서 정서적으로 흥분해 있는 동안 일어난 것이다.

이것이 단지 영화의 정말 나쁜 한 장면이었으면 좋겠지만, 그렇지 않다는 것을 우리는 알고 있다. 이것은 놀이치료 회기였고, 이런 순간은 우리 직업에서 우리가 인정하고 싶은 것보다 더 자주 일어난다. 이 특별한 상황은 나의 컨설턴트 시간에 소개되었다. 치료자는 무슨 일이 일어났는지, 그리고 자신이 그렇게 대처한 것에 대해 많은 수치심과 혼란감으로 가득 차 있었다. "그 아이는 왜 제 말을 듣지 않았을까요?" 그녀는 계속해서 물었다. 그녀에게 해 줄 대답은 여러 가지가 있지만 주된 이유는 둘 다 정서적으로 넘쳐 났기 때문이다.

정서적 범람에 대한 이해

뇌와 신체 조절 능력에 대해 많이 알면 알수록 더욱 경외감을 느낀다. 지각된 어려움과 강렬함에 직면했을 때 해야 할 일을 정확히 수행하는 뇌와 그에 상응하는 신경계의 능력은 정말 놀랍다.

우리의 관용의 창은 시시각각 변한다. 우리는 관용의 창 안에 있을 때, 우리가 경험하는 생각, 감정, 감각을 조절할 수 있다. 우리가 관용의 창 밖에 있을 때, 우리는 정서적 범람을 경험하기 시작한다. 컵에 물을 채우는 것처럼 생각해 보라. 컵이 가득 차서 더 이상 물을 담을 수 없으므로 물이 넘치게 된다. 이 순간에 우리의 뇌는 이 책의 시작 부분에 있는 내 이야기처럼 너무 많고 너무 빨리 들어오는 데이터를 등록해야 한다. 이런 일이 발생하면 우리의 신경계는 과도한 교감신경 활성화와 등쪽 부교감신경계 활성화라는 두 가지 방식으로 반응한다.

이 책의 내용은 당신이 관용의 창 밖으로 나가기 시작하고 정서적 범람에 접근하기 시작할 때를 알아차리는 더 강한 능력과 아동 내담자의 이 증상을 알아차리는 방법을 안내한다. 또한 치료자가 관용의 창 안에 머무는 방법을 보여 줌으로써 아동이 어떻게 관용의 창 안에서 머물 수 있을지를 배울 수 있도록 지원할 수 있다.

정서적 범람은 관계의 부분이다

정서적 범람은 관계에서 일어나는 한 부분이기 때문에 모든 놀이치료 모델에서 일어난다.

어느 누구도 정서적 범람을 경험하지 않을 수 없고, 어떤 놀이치료 이론이나 기술도 마찬가지다. 이는 지시적 접근과 비지시적 접근 모두에서 발생한다. 아직까지 정서적 범람을 경험하지 못한 놀이치료사를 만나 본 적이 없고, 아이들도 놀이치료실에서 감정이 넘치는 경험을 안 한 아이를 만나 본 적이 없다.

정서적 범람과 그것이 일어나기 시작할 때 무엇을 해야 하는지를 이해하는 것은 놀이치료실에서 일어나는 강렬함과 작업하는 방법을 배우는 데 있어서 가장 중요한 부분 중 하나다. 감정이 넘치면 치료자와 아동이 신체적으로나 정서적으로 상처를 입을 확률이 높아지므로 이에 대해 개방적이고 솔직하게 이야기하는 것이 필요하다.

범람은 어떻게 나타나는가

우리 몸이 들어오는 '너무 많은' 데이터에 대해 반응하는 방법은 두 가지가 있다. 첫 번째는 교감신경 활성화(고조)를 통해서이고, 두 번째는 등쪽 부교감신경 활성화(셧다운 또는 붕괴)를 통하는 것이다. 이 책의 초점은 공격성이므로 나는 교감신경 활성화와 관련된 정서적 범람을 강조하고 논의하고자 한다. 비록 내가 교감신경계의 범람을 강조하고 있지만, 아이가 모든 것을 멈추고 에너지가 붕괴되기 시작하면 이것도 등쪽 부교감신경계 활성화로 인한 정서적 범람의 징후라는 것을 아는 것이 매우 중요하다.

갑자기 흥분하기 시작한 아동 옆에 있어 본 적이 있는가? 때때로 나는 이것을 '돌아올 수 없는 지점'에 도달한 아이라고 부른다. 이것은 아이들이 너무 교감신경적으로 각성되어 통제력을 잃고 더 이상 치료자의 말을 듣거나 심지어 볼 수 없게 되는 순간이다. 그들은 멈춤장치에 결함이 있는 기차가 속도를 높이는 것처럼 가속화되고 있으며, 기차가 멈출 수 있는 유일한 방법은 무언가에 충돌할 때 뿐이라는 것을 알고 있다. 물론 당신은 이것을 본 적이 있다. 당신은 또한 당신이 이 기차였던 시절을 인생에서 가장 잘 기억할 수 있을 것이다.

어쩌면 아이가 놀이치료실에서 완전히 분노한 상태였을 수도 있다. 또는 선반에 올라가서 놀잇감을 던지려고 하는 경우, 또는 뛰쳐나가거나 부수거나 놀잇감들을 버리기 위해 사무실을 뛰어다닐 수도 있다. 심지어 당신을 때리고, 깨물고, 무언가를 던지려고 했을 수도 있다. 이것은 교감신경적으로 각성된 정서적 범람의 예다.

이 장의 시작 부분에 설명된 맥스와 치료자의 상황에서 맥스는 결국 감정이 너무 넘쳐서 더 이상 내적 경험을 조절할 수 없는 지점에 도달했다. 이 시점에서 그는 치료자를 깨물고 때리기 시작했다. 그 경험에 압도된 치료자도 자신과의 연결성을 유지하면서 강렬함이 고조되는 것을 조절하지 않았기 때문에 정서적으로 범람하기 시작했다. 치료자는 맥스가 받아들을 수 없고, 위협을 느낄 가능성이 가장 높은 방식으로 경계를 설정하고 있었다. 그녀는 겁이 나자 공격적으로 반응하고 맥스를 통제하려는 시도를 했다. 그래서 맥스의 행동은 더욱 격해지게 되었다.

정서적 범람과 작업하기

나는 가장 잘 준비된 자세를 가지고도 범람은 일어날 수 있다는 것을 설명했다.

아이들이 정서적으로 넘치게 되면, 해야 할 일은 단 하나뿐이다. 즉, 안전에 대한 신경지를 만들고 아이들이 관용의 창으로 돌아갈 수 있도록 돕는 것이다. 정서적으로 범람하게 되면 뇌는 이성적으로 생각할 수 있는 뇌 부분이 일시적으로 작동하지 않게 되고, 스스로 통제할 수 있는 능력이 빠르게 줄어든다. 아이들에게 마음에서 일어나는 일이나 행동에 대해 얘기를 해 보자고 시도하는 것은 상황을 더욱 악화시킬 가능성이 높다.

이 순간에 대해 정해진 대본은 없다. 이러한 순간에는 당신의 존재감, 조절 능력, 창의력, 직관이 필요하다. 이때는 아기가 앙앙 울어 대는 순간과 같고, 조율된 양육자로서 당신은 아기가 조절된 상태로 돌아갈 수 있도록 돕기 위해 필요한 모든 조치를 취해야 한다. 이러한 순간에는 강렬함을 유지하는 능력이 필요하다. 이 순간에는 도망치지 않고 강렬함을 향해 나아가야 한다. 아이들은 당신이 자신과의 연결성을 유지하는 행동을 필요로 하므로, 당신은 그 각각의 순간과 아기를 달래는 데 필요한 것을 조율할 수 있다.

여덟 살인 모건은 학교에서 가끔 친구들과 교사를 때리는 공격적인 행동으로 나를 만나러 왔다.

놀이 도중 그녀는 놀잇감 '말'을 가지고 시나리오를 만들기로 결정했다. 그녀는 몇 개의 울타리를 잡고 일렬로 정렬하여 승마 점프를 위한 코스를 만들려고 했다. 코스를 만들면서 그녀는 울타리를 아주 가깝게 배치하여 말이 다음 울타리를 뛰어넘기 전에 점프하고 착지할 수 있는 공간을 거의 남겨 두지 않았다. 이 모습을 지켜보면서 그녀의 놀이 경험이 계획대로 되지 않을 것 같다는 생각에 내 몸이 긴장되기 시작함을 느꼈다. 나는 말이 울타리 사이에 들어갈 수 없다는 것을 알았다. 그녀의 좌절인내력 수준이 높지 않았기 때문에 이것은 그녀의 치료에서 중요한 순간이었다. 그녀의 일상에서 이런 순간은 종종 발생했는데 그녀가 무대를 설치하다가 성공하지 못했다고 느끼면 하고 있는 모든 것을 치고, 쏘고, 갑자기 그만두었다. 나는 그녀가 놀이를 바꾸도록 격려함으로써 이 중요한 순간으로부터 그녀를 구해 주기보다는 외부 조절자가 되어 좌절에 대한 그녀의 관용의 창을 넓히기 위한 작업을 하기로 결정했다.

이를 위해 나는 놀이 중에서 점점 커지기 시작하는 불안의 상승을 호흡을 이용해 조절하기 시작했다. 마음챙김을 사용하여 나는 그녀가 갑자기 정서적으로 넘쳐 나는 경우에도 내 몸과의 연결성을 유지하기 위해 노력했다. 나는 그녀의 조절 불능을 이겨 낼 수 있도록 의식적으로 배쪽 부교감신경계 상태에 집중했다. 그녀는 그 장면을 세팅하는 것을 마무리하고 말을 잡고 놀이를 시작했다. 그녀는 첫 번째 울타리를 뛰어넘으려고 했다. 예상했던 대로 그 공간이 말의 몸과 맞지 않아 울타리 두 개를 넘어뜨렸다. 나는 그녀의 생리현상을 주의 깊게 관찰했고 그녀의 몸이 긴장되고 있음을 알아차렸다. 나는 교감신경 활성화가 시작되는 것을 관찰할 수 있었다. 나는 호흡했다. 그런 다음 그녀는 말을 다음 울타리 위로 뛰어오르게 하려고 했으나 이번에는 말의 발이 울타리에 걸려 넘어졌다. 이런 상황은 그녀에게 너무 자주 일어나는 일이었다. 그녀는 "끝났어요."라고 말하고 자리에서 일어나 문으로 걸어갔다. 나는 좌절감을 알아차렸고 그녀가 정서적 범람 상태에 있었고 교감신경의 도피 반응 활성화(sympathetic flight activation) 상태에 있다는 것을 알아차렸다. 나는 이미 나 자신을 조절하기 시작했기 때문에 그녀의 정서적 범람 속에 함께 머물 수 있었다. 나는 지금 일어나고 있는 일을 버틸 수 있었고, 이것은 깊은 치료적 순간이자 패턴을 다시 바꿀 수 있는 기회가 되는 통합적인 힘이었다.

내가 말릴 수 있는 것보다 더 빠르게 그녀는 문을 열고 대기실로 향해 가기 시작했다. 나는 그녀의 각성 수준을 분명하게 볼 수 있었다. 그녀의 몸은 긴장되어 있었다. 그녀의 말은 빠르고 움직임은 강렬했다. 그 시점에서 내가 유일하게 할 수 있는 것은 그녀가 더 조절된 상태로 돌아갈 수 있도록 안전한 신경지를 만들도록 돕는 것임을 알았다.

이러한 순간은 치료 중에 발생할 수 있는 가장 어려운 순간 중 하나이다. 아이들은 무서울 수도 있다. 그들은 압도될 수도 있다. 최소한 그들은 불편함을 느낀다. 그들은 계획대로 진행되지 않는 경우가 많으며, 우리가 어떻게 대응했는지에 대해 수치심, 죄책감, 당혹감을 느끼는 경우가 많다. 그들은 이런 상황이 되는 것을 아는 사람에게 분노와 비난을 표출할 수도 있다. 이 순간은 우리가 원하지 않을 때조차도 우리 자신의 방어적인 반응과 패턴을 활성화하는 경향이 있다. 치료자들이 이를 피하기 위해 그토록 열심히 노력하는 것은 놀랄 일은 아니다.

정서적 범람은 나쁜 것인가

정서적 범람이 얼마나 불편한 것인지를 생각해 보면, 그것은 놀이치료 회기에서 발생하는 나쁜 일이라고 생각할 수도 있다. 내가 그렇지 않다고 말한다면 어떤 일이 생길까? 그런 일이 일어났을 때(그런 일은 일어나지 않도록 아무리 노력해도 일어나기 때문에) 그것은 깊이 있는 치료적 경험을 할 수 있는 하나의 방법이라고 하면 어떨 것 같은가? 나는 정서적 범람 경험을 변화시키는 첫 번째 단계는 그것이 일어나는 것을 두려워하지 않는 것임을 말하고 싶다.

 생각해 보기

잠시 시간을 내어 회기 중에 정서적으로 범람하는 아동을 생각할 때 떠오르는 모든 두려움을 적어 보세요. 혹시 당신이 다칠까 두려운가요? 아이가 다칠까 두려운가요? 통제력을 잃었을 때 경계를 설정하는 방법이 떠오르지 않을까 두려운 것일까요? 모두 적어 보세요. 당신이 적어 놓은 두려움은 과거의 정서적 범람 경험의 영향을 받았을 가능성이 있습니다. 과거 경험을 통합하기 위한 작업을 하면서 5장에서 John Demartini 박사가 적용한 두려움을 통합하는 연습을 적용하는 것을 고려해 보세요.

모건의 이야기에서 나는 그녀가 정서적으로 범람할까 봐 두렵지 않았다. 사실, 나는 그럴 가능성이 높다는 것을 알았고 그 경험을 그녀가 패턴을 바꾸는 데 도움이 되는 순간으로 사용하기로 결정했다. 나는 말이 뛰어오를 때 말이 들어갈 공간을 마련하기 위해 울타리를 벌리도록 수월하게 격려할 수도 있었다. 대신에 나는 그 순간을 치료적으로 활용하기로 결정했고, 잘 안 되면 교정하기를 하면 된다는 믿음을 가졌다.

불화와 교정은 안전감을 만든다

　악마처럼 우리는 내담자와의 관계를 '올바르게' 하고 내담자가 '불편
하지' 않게 하는 데 너무 집착하여 때로는 편안함을 성장의 기회와 맞
바꾸어 버린다. 연구 결과에 따르면 조율하는 양육자는 실제로 시간의
30%만 조율하는 것으로 나타났다(Tronick, 2007). 이는 최상의 사례 시
나리오에서도 대부분의 시간들의 연결이 실제로 잘못된 조율을 찾아
가는 춤이라는 것을 의미한다! 치료자가 대부분의 시간 동안 조율할 수
있어야 한다고 생각하고, 또 정서적 범람과 같은 일은 결코 일어나서는
안 된다는 생각에 지나치게 집착할 때, 우리는 실제로 치료 관계에서
안전을 위한 가장 중요한 구성 요소 중 하나를 놓치게 된다. 그것은 정
서적 연결을 강화하는 상호작용적 교정을 포함하는 행동이다(Bullard,
2015). 사실, 관계를 강화하고 신뢰를 키우는 것은 치료자와 아동이 불
화와 잘못된 조율을 교정하면서 생기는 춤이다. 불화와 교정은 실제로
유대(애착)를 형성하는 데 필요하다.

　앞서 언급했듯이 정서적 범람은 관계의 한 부분이고, 어떤 놀이치료
모델도 정서적 범람에서 자유로울 수는 없다. 이는 우리가 놀이치료실
에서 일어나는 강렬함을 조절할 수 있도록 내담자에게 최선을 다하더
라도 때로는 잘못된 조율이 여전히 발생할 수 있음을 의미한다. 우리는
단서를 놓칠 수 있고 산만해질 수도 있다. 우리 자신의 방어 패턴이 회
기에 들어와 우리 자신과 내담자가 연결되는 것을 방해할 수도 있다.

때때로 아이는 정서적으로 넘칠 것이고 때로는 우리도 그럴 것이다.

잘못된 조율은 불화와 교정의 기회를 제공하고, 그것은 안전한 관계를 만든다.

정서적으로 범람할 때

놀이치료실에 있는 당신은 어떤가? 아이가 하는 일에 너무 압도되어 빠져나와 버리거나 시계를 보기 시작하거나 정서적으로 무감각해진 적이 몇 번이나 있는가? 아이에게 너무 화를 내고, 그 좌절감에 경계를 설정하고 어떤 식으로든 아이를 꾸짖을 수도 있다면 어떻게 될까? 이것들은 모두 정서적 범람의 징후이며, 모두 '너무 많다.'는 생각에 대한 흔한 반응이다.

치료자가 아이 옆에서 교감신경적으로 정서적 범람이 일어나는 상황일 때, 치료자가 자기 보호가 필요해서 놀이를 중단하고자 억지로 개입하는 것은 흔한 일이다. 이는 치료자와 아동 모두 수치심과 죄책감을 느끼게 할 수 있다. 치료자가 등쪽 부교감신경계를 너무 많이 활성화시키면 아이들은 놀이를 멈춰 버리고, 무감각해지고, 주변과의 연결성이 떨어지기 시작하여 잠재적으로는 아이가 관계를 망쳤다거나 버려졌다는 느낌을 받는 단절 경험을 초래하게 된다.

범람으로부터 치료자를 돕는 팁은 다음과 같다.

● 놀이가 진행되는 동안 잠시 멈추고 방을 둘러보며 터널 시야로부터 벗어나라. 시간과 공간에 맞게 방향을 정하라.

- 당신이 경험하고 있는 일이 놀이치료 회기에서 일어나고 있음을 기억하라. 놀이 안에서 자신을 느끼면서 동시에 그것이 단지 놀이일 뿐이라는 것을 알도록 도와주라. 스스로에게 "한 발은 안으로 한 발은 밖으로"라고 말해 보라.
- 호흡과 움직임을 이용해 자신을 그라운딩하라.
- 편도체를 진정시키는 데 도움이 되도록 자신의 경험을 큰 소리로 말해 보라.
- 회기 전반에 걸쳐 관찰 진술로 놀이를 추적하고 이성적인 뇌가 계속 참여하도록 하라.
- 경계를 설정하라! 놀이가 관용의 창을 벗어나고 있다는 느낌이 들기 시작하면 인정하고 재지시하라.

모건이 방에서 나갈 때 나는 따라가면서 그 순간과 조율하기 위해 호흡을 사용했다. 나는 그녀의 조절 불능 상태에 대해 외부 조절자가 되었다. 우리가 대기실에 들어갔을 때 그녀는 여전히 정서적으로 흥분되고 도피 반응 상태였다. 내 직관에 따르면, 내가 그녀를 놀이치료실로 다시 데려가려고 시도하면 그녀는 급속히 공격적인 폭발로 옮겨 가 나를 때리려고 할 것 같았다. 신경지를 안전한 수준으로 하기 위해 나는 그녀를 바라보며 이렇게 말했다. "여기는 뭐가 너무 많은 것 같아. 우리 밖으로 나가 볼까?" 그런 다음 우리는 밖으로 나가서 건물 주변을 걷기 시작했다. 우리가 걷는 동안 나는 호흡과 몸 움직임을 사용하여 우리 둘은 그라운딩하면서 침묵을 유지했다. 우리가 걷고 있는 동안, 우리는 잘린 나무 몇 그루가 주차장에 쌓여 길을 막고 있는 것을 발견했다. 우리가 첫 번째 더미에 다가갔을 때, 나는 그녀가 어떤 반응을 보이는지 자세히 관찰했다. 이는 우리가 바로 또 다른 장애물에 직면했기 때문이었다. 나는 그녀가 정서적으로 범람할 수도 있다는 점에 대해 다시 한번 대비했다. 그녀가 좀 더 조절을 할 수 있게 되었지만 여전히 활성화된 상태라는 것을 느낄 수 있었다. 그녀는 관용의 창 끝부분에 있었다. 나는 이 순간을 그녀의 신경계 패턴을 바꿀 기회로 삼기로 결정했다. 내가 할 것은 이것이었다. 주차장을 거대한 놀이치료실로 만드는 것이었다. 나는 우리가 잘린 나무 더미에 가까이 다가갈 때마다 점프대에 다가가는 말들과 같다고 설명했다. 우리는 함께 각 더미 앞에 서서 몸을 움직이고 호흡하며 점프하기로 했을 때 무엇이 잘못될 수 있는지에 대해 이야기했다. 우리는 불안과 숨어 있는 좌절감을 조절했다. 우리는 강렬하게 흥분하지 않고도 '점프'를 진행하는 방법을 알아냈다. 우리가 건물 안으로 다시 들어갔을 때 둘은 손을 잡고 있었고 그녀는 웃고 있었다. 그 경험은 그녀에게 새로운 신경 경로를 만들어 주었다. 내가 그녀를 정서적 범람의 두려움으로부터 구해 버렸다면 그런 일은 일어나지 않았을 것이다. 내가 원하는 것은 그녀가 어려움을 향해 나아가고 그것을 극복하기 위해 내가 이 책에서 가르치고 있는 모든 것을 이용하는 것이다.

핵심 요약

● 정서적 범람은 모든 놀이치료 모델에서 일어난다. 왜냐하면 정서적 범람은 관계의 부분이기 때문이다.

● 놀이치료실에서 공격성을 다루는 방법을 배우려면 정서적 범람이 일어나기 시작할 때 무엇을 해야 하는지 이해해야 한다.

● 정서적 범람이 일어날 때 할 수 있는 유일한 것은 안전을 위한 신경지를 만드는 것이다.

● 정서적 범람을 잘 다루기 위해서 마음챙김, 호흡, 움직임을 활용하고 자신의 경험을 큰 소리로 말하는 것을 사용하라.

● 관계에서 안전감은 잘못된 조율과 불화 그리고 교정의 순간이 일어나는 것과 많은 관련이 있다.

11 공격적인 놀이 관찰

매우 공격적이거나 죽음 놀이로 가득 찬 회기 안에서 어떤 것을 관찰해 보았는가? 당신의 신경계가 고도로 활성화된 상태인 극도로 각성된 상태에서 아동의 놀이가 강렬한 장면으로부터 빠져나올 때 거기에 앉아 있어야 했던 적이 있는가? 너무 강렬해서 저각성 상태에 들어가면서 주변과의 연결성을 잃게 되거나 무감각해지려는 당신 자신을 관찰한 적이 있는가? 관찰자로 설정되는 것이 치료자의 일반적인 역할인 것은 아이가 그렇게 놀이를 설정했거나 사용되는 놀이치료 방법이 원래 관찰적이기 때문이다.

우리는 군인들 간에 일어나는 전쟁을 지켜봐야 할 수도 있고, 장난감 집에서 누군가가 크게 다치는 무서운 장면을 지켜봐야 할 수도 있다. 아기 인형이 방 여기저기에 던져지는 것을 지켜봐야 할 수도 있다. 아이가 밥백을 때리는 모습, 인형들이 서로 공격하는 모습, 작은 동물 피겨들이 총에 맞는 모습을 지켜봐야 할 수도 있다. 당신이 관찰하고 있는지, 아니면 직접 놀이에 참여하고 있는지는 중요하지 않다. 의식적으로 느끼든 그렇기 않든 간에 당신은 그 강렬함을 느끼게 될 것이다. 그러므로 단지 폭력을 목격했다는 증상을 보이며 회기를 떠나지 않으려면 자신의 신경계를 조절하는 연습을 하는 것이 매우 중요하다.

당신 자신과 아동 내담자를 위한 자기 조절의 중요성을 이해하지 못한 채 공격적이고 죽음으로 가득 찬 놀이를 관찰하는 것은 번아웃 가능성을 높이는 가장 빠른 방법 중 하나다. 또한 회기가 끝난 후에도 당신 자신의 시스템상의 조절 불능 증상을 오랫동안 지속하도록 하는 가장 빠른 방법 중 하나다.

이 책에서 배운 모든 내용은 놀이에 참여할 때뿐만 아니라 관찰할 때도 적용 가능하다. 당신은 마음챙김, 움직임, 호흡을 통해 진실한 표현과 자기 조절을 위한 모델링을 시도하고, 자신의 경험을 큰 소리로 언어화해서 표현한다. 당신은 내부에서 일어나는 감정과 감각의 강렬함을 당신이 어떻게 조절하는지를 여전히 관찰하게 된다. 당신은 아이들이 조절되지 않은 상태로 놀이를 진행해 가는 동안 치료자로서 도움을 줌으로써 아동이 자신의 신경망을 재연결하도록 하는 외부 조절자로서도 도움을 준다.

관찰자의 중요성

치료자가 놀이에 적극적으로 참여할 것인지, 아니면 놀이를 관찰할 것인지를 아이가 선택할 수 있도록 하는 놀이치료 스타일을 사용하는 사람들이라면, 관찰자 역할을 맡는 것이 우연이 아닐 수도 있다고 생각해 본 적이 있는가? 아이가 당신을 관찰자 역할로 선택하는 것도 설정의 일부라고 하면 어떨까?

이런 시나리오를 생각해 보자. 토비는 부모가 일으킨 가정 폭력을 목격했다. 쉴리아는 자신의 형제자매가 성적으로 학대당하는 것을 지켜보아야만 했다. 맥스는 그의 어머니가 교통사고로 죽는 것을 목격했다. 릴리아는 거실로 들어가다가 술에 많이 취한 채, 바닥에 쓰러져 있는 어머니를 발견했다. 이 아이들은 그들이 느끼는 것이 무엇인지를 당신이 이해하도록 하기 위해 어떻게 하고 싶어 할까? 그 방법 중 하나는 당신을 관찰자로 만드는 것이다.

따라서 당신이 만약에 자연스럽게 관찰자 역할을 하는 놀이치료 방식을 사용하면, 당신이 고민하지 않더라도 설정은 여전히 일어날 것이다. 아이는 여전히 그들 자신이 느낀 것을 이해하도록 하려고 무엇이든 간에 할 것이고, 당신의 신경계는 여전히 그 강렬함으로부터 영향을 받을 것이다.

관찰자가 되는 방법

가장 큰 고려 사항 중 하나는 말하는 내용이 의미가 맞아떨어져야 한다는 것이다. 예를 들어, 아동이 아기 인형을 다치게 했고 치료자는 아기인 것처럼 울고 있다면 아이는 아마 의아해하며 이렇게 말할 것이다. "선생님은 다치지 않았어요. 왜 울어요? 아기는 저기 아래에 있어요. 선생님은 괜찮아요." 아이들은 불일치로 인해 혼란스럽고 순간적으로 방향 감각을 잃어버렸기 때문에 놀이를 하다가 멈출 것이다. 이해가 되지 않기 때문에 혼란스러울 것이다. 그리고 우리는 환경에서 어떤 것이 이해되지 않을 때, 아이의 뇌가 잠시 멈추고 그것을 알아내기 위해 혼란스러운 쪽으로 방향을 잡을 것이라는 것을 알고 있다. 이런 일이 발생하면 아이들은 불일치를 이해하려고 노력하면서 경험에서 벗어나 분석적 사고에 빠져들게 된다. 우리의 목표는 아이가 가능한 한 많은 시간을 자기 반영(self-reflection)을 하면서 보내도록 하는 것이며, 의미 있는 진술을 통해 이를 촉진한다. 다음은 우리가 알아야 할 중요한 일치적 반영의 세 가지 유형이다.

관찰 진술

관찰 진술은 치료자가 아동의 놀이를 추적하면서 관찰한 내용을 묘사한 것이다. 예는 다음과 같다.

"자동차들이 서로 충돌하고 있어."

"집에 괴물이 있네."(아이가 인형 집에서 괴물과 노는 모습을 지켜보는 것)

"슈퍼맨과 배트맨이 서로 싸우고 있구나."(아동이 슈퍼히어로들을 서로 때리게 만드는 것을 지켜보기)

이러한 유형의 진술은 내적 경험의 강도와 관찰 중인 경험 사이를 오가는 데 도움이 되기 때문에 치료자로서 당신에게 조절 효과도 있다. 자기 반영적 진술과 아이가 무엇을 하고 있는지를 설명하는 진술을 사용할 수 있다는 것은 아이에게 훌륭한 모델링이 된다. 왜냐하면 아이는 애착 과정의 중요한 부분인 자신과 다른 사람을 인식하기 위해 마음챙김을 사용하는 치료자(이중 주의두기, dual attention)를 목격하기 때문이다. 관찰 진술을 할 때는 해석 없이 분명한 것만 진술하도록 한다. 나는 학생들에게 "그냥 사실만, 사실만."이라고 말한다.

관찰자로서의 진정한 경험

관찰자로서, 관찰자가 되는 것이 어떤 것인지 목소리로 표현하는 것은 중요하다. 지켜보라는 요청을 받은 대로 당신이 무엇이든 되어 지켜봐야 한다는 것은 어떤 느낌일가? 긴장되는가? 무력감을 느끼는가? 배가 아픈가? 혼란스러운가? 두려운 마음이 드는가? 싸움을 보고 있다면 왜 싸움이 일어나는지 아는가? 아이가 당신을 관찰자로 설정하는 것은 당신이 관찰하는 것이 어떤 것인지 느끼고, 일어나는 일에 대해 아무것도 할 수 없기를 바라기 때문이다. 나는 이것이 가정 폭력을 목격한 아동들에게서 특히 흔하다고 생각한다. 치료자가 싸움을 관찰하는 것이 어떤 느낌인지 기꺼이 말로 표현하지 않으면, 잠재적으로는 경험의 상당 부분을 놓치게 되는 것이다.

다음 회기를 고려해 보자. 네 살인 론니는 아기 인형을 침대 위에 놓고 치료자에게 아기가 물에 빠졌다고 말했다. 치료자는 즉시 두려움을 표현하기 시작했고 그녀는 거기 서서 아기가 물에 빠지는 것을 지켜보았다. "아기! 도와주세요! 아무도 아기를 도와주지 않아요! 무서워요! 그 아기를 구해 주고 싶어요!" 그녀는 또한 팔을 허우적거리고, 앞뒤로 흔들고, 손을 가슴에 얹어 호흡을 도우면서 강렬함을 조율하고 있었다. 론니는 남동생이 두 살이었을 때 이 상황을 지켜보았고 그때 동생을 구하기 위해 그 어떤 행동도 할 수 없었다. 그는 치료자로부터 이해받는 것이 필요했기 때문에 아기가 물에 빠지는 상황을 치료자가 지켜보도록 설정했다. 이 사건을 놀이로 재현하는 동안 론니는 치료자가 자신이 느낀 것과 같이 느끼고 치료자의 자기 조절을 모델링하는 것을 관찰하면서 자신의 신경계를 등쪽 부교감신경계 반응에서 에너지를 가동화(mobilization)하는 쪽으로 이동시켰다. 강렬함이 일어나는 중에 그는 심호흡을 하고 치료자와 함께 움직이면서 자신의 신경계 에너지를 조절하려고 했다.

놀잇감의 목소리 내기

관찰자를 위한 마지막 반영 유형은 놀잇감이 느끼는 것을 말로 표현하는 것이다. 다시 말하지만, 이 작업을 수행할 때 치료자가 잘 이해하는 것이 매우 중요하다. 우리는 아이가 치료자를 이해하려고 시간을 보내는 것을 원하지 않는다. 우리는 치료자의 반영이 아동의 놀이 경험과 자신에 대한 이해를 심화시키는 데 도움이 되기를 바란다. 이를 수행하는 가장 쉬운 방법 중 하나는 "내가 (놀잇감 이름 부르기) ~였다면 나는 ~을 느낄 거야." 또는 "내가 (놀잇감 이름 부르기) ~였다면 나는 ~라고 생각할 거야."와 같은 진술을 하는 것이다. 이러한 유형의 진술을 하면 치료자는 일치된 상태에 머물 수 있고, 아동은 치료자가 방금 말한 내용을 이해하려고 노력하는 데 시간을 쓸 필요가 없다. 이 장의 앞부분에서 언급한 우는 아기의 예에서 치료자는 "내가 아기라면 아파서 울 것 같은데……."라고 말한 다음, 마치 아기인 것처럼 울 수 있을 것이다. 치료자는 또한 일치성을 유지하면서 놀이를 심화시키는 데 도움이 되는 다른 유형의 반영을 사용할 수도 있다.

관찰하고 있는 내용을 반영하는 데 도움이 되는 다음 질문들을 스스로에게 해 보자.

● 나의 표현은 의미가 맞아 떨어지는 것인가?

● 나는 진정성이 있는가?

● 내가 경험하고 표현하는 것은 일치하고 있는가?

● 사실만을 기술하고 있는가, 아니면 해석을 덧붙이고 있는가?

밥백/펀칭백 사용하기

일부 놀이치료사들은 밥백/펀칭백을 사용하는 것이 아이들의 공격성을 조장한다고 믿는 반면, 다른 사람들은 이것이 놀이치료실에 필수적인 놀잇감으로 아이들이 자신을 충분히 표현할 수 있게 하여 힘을 끌어올리도록 촉진한다고 믿는다.

이런 의견들을 연결하기 위한 노력의 하나로, 아이들이 공격성을 표현할 필요가 있음을 이해하고 격려하면서도 공격성을 조장하는 것은 피하는 방식으로 밥백을 사용하는 방법을 살펴보려 한다. 아래 나열된 예는 단지 예일 뿐이다. 밥백을 사용하는 것이 아이들의 자기 인식을 촉진하는 데 효과적이라는 것은 많은 가능성이 있다. 자신의 직관을 따르고, 자신의 경험을 믿어 보자. 카타르시스를 목적으로 밥백을 사용하는 것이 아니라 핵심은 마음챙김과 통합을 지원하는 것이다. 밥백은 다양하게 사용할 수 있는 놀잇감이며 놀이치료실에서 한 가지 형태로만 사용하도록 제한하지 말아야 한다는 점을 기억하는 것도 중요하다. 대부분의 아동은 자신의 무력감이나 힘을 끌어올리기 위한 감정표현 방식으로 밥백을 사용하지만, 다른 아동은 이를 편안함의 원천으로 사용하거나 지지를 위해 기대거나 쉬거나, 신경계 조절을 돕기 위해(밥백을 사용할 수 있는 다른 방법의 두 가지 예를 제시하기 위해) 위로 팅겨 올리면서 놀거나 구르거나 하는 감각 놀잇감으로 사용한다.

다음은 아동이 밥백을 사용하기로 선택할 때 따라야 할 몇 가지 주요 지침이다.

- 아이가 밥백을 누구로, 무엇으로 원하는지 당신이 알고 있다고 가정하지 않아야 한다. 당신이 그것을 아는 것은 중요하지 않다.
- 밥백의 정해진 성별을 모르는 경우 밥백을 '그것(it)'이라고 부르는 것이 가장 좋다.
- 아이가 밥백에 투사하려는 숨은 감정을 읽어 주는 반영을 하라.
- 공격성을 조장하는 반영은 가능한 한 피한다. 공격성을 조장하는 생각의 예로는 "그 사람을 잡아라." "너는 너무 강해." "그 사람에게 네가 얼마나 화가 났는지 보여 줘." "그 사람을 다시 때려라." 등이 있다.
- 놀이의 강도를 일치시킨다. 아동은 치료자가 강도를 구체화하거나 말로 표현할 때까지 계속해서 놀이를 강화할 것이다. 아이들이 공격적인 방식으로 밥백을 가지고 놀 때 알아야 할 가장 중요한 원칙은 높은 수준의 강렬함 속에서도 현재에 머물면서 자신과 아이들과 연결되는 능력을 사용하는 것이 가장 치유적인 경험이다. 아이들이 극도로 조절 불능 상태를 겪고 있고 공격성이 심해지면, 당신은 아이들을 그라운딩시키면서 조절 상태를 유지하고 정서적으로나 에너지적으로 현재에 머물도록 능력을 발휘해야 한다. 필요한 경우 언제든지 인정하고 재지시를 할 수 있다.
- 목표는 카타르시스가 아니라 통합이라는 점을 기억하라.

아이가 밥백을 방 여기저기에 던지고, 엎어서 빠르게 돌리기 시작할 때 당신은 자신을 보호하기 위해 피해야 한다고 생각하는 순간을 상상해 보자. 다음은 당신이 사용할 수 있는 효과적인 반응의 몇 가지 예다.

- 밥백이 된 것처럼 말해 보라. "내가 만약 밥백이라면, 아무것도 할 수 없는 상태로 돌고 있다고 생각할 거야. 세상이 뒤집혀 있어."
- 관찰자가 되어서 느끼는 것이 어떤지 말로 표현하라. "이 싸움을 지켜보는 게 무섭고 긴장돼."
- 밥백을 지켜본 것에 대해 다음과 같이 말해 보라. "세상이 뒤집혀 있고 아무것도 할 수가 없어."
- 아이가 밥백과 상호작용하는 모습을 관찰하면서 다음과 같이 말해 보라. "너는 모든 것이 뒤집혀 있고 아무것도 할 수 없는 느낌이 어떤 것인지 사람들이 알기를 바라는구나."

아이들이 지지대나 조절 수단으로 밥백을 사용하기로 선택한 경우, 자신이 하고 있는 것에 대한 인식을 촉진하도록 반영한다.

바비는 열 살이고 불안하며 여기저기에 있는 놀잇감을 보면서 미친 듯이 놀이치료실을 뛰어다닌다. 그는 밥백을 발견하고 그 위에 누워 균형을 잡기 위해 애쓰고 있다. 다음은 효과적인 반응의 몇 가지 예다.

- 밥백을 관찰한 내용을 말해 보라. "계속 움직이네. 밥백이 안정적으로 너를 지탱해 주기가 어려운 것 같아."
- 아이가 밥백과 상호작용하는 모습을 관찰한 결과를 말해 주라. "너는 밥백 위에서 편히 쉬려고 움직이지 않게 하려고 엄청 애쓰

고 있네. 밥백이 이렇게 계속 움직이면 편히 쉬기가 너무 어렵겠
다."

아이들과 밥백과 작업할 때 일반적인 지침은 아이가 어떤 놀잇감을
선택하든 기본적으로 동일하다.

나는 다음 두 장에서 공격성을 촉진하고 과각성 놀이와 저각성 놀이
모두에서 강렬함을 통합하기 위한 더 많은 팁과 아이디어를 당신들에
게 공유할 것이다.

 핵심 요약

- 당신이 관찰자일지라도 신경계는 여전히 극도의 강렬함에 영향을 받을 것이
  고 아이들은 여전히 설정을 통해 자신이 어떻게 느끼는지 보여 주려고 시도
  할 것이다.
- 관찰자로서 아동의 놀이를 관찰하면서 느낀 것을 바탕으로 진정성 있고 일치
  하는 반응을 보이는 것이 중요하다.
- 놀이를 관찰할 때 해석 없이 사실만을 진술하라.
- 관찰자로서 조절하는 것은 여전히 중요하다. 아이들은 자신의 내적 생각, 감
  정, 감각의 어려움들을 통합하는 데 도움을 받기 위해 당신의 조절 능력을 따
  라 해야 하기 때문이다.
- 밥백은 다양하게 사용할 수 있는 놀잇감으로 놀이치료실에서 한 가지 용도로
  만 사용되는 것이 아니다. 카타르시스가 아닌 통합을 위해 활용되는 것이 중
  요하다.

12 과각성 놀이

일곱 살인 스캇이 블록을 치우고 바닥에 앉아 있는 내 옆에 앉았을 때, 이상한 불안감이 내 몸으로 스며드는 것을 느꼈다. 나는 내 호흡이 요동치는 것을 알아차렸다. 마치 방이 숨을 멈추고 있는 것처럼 방 안의 에너지가 변하는 것을 느꼈다. 내가 이러한 변화들을 알아차렸을 때 스캇은 뱀 인형을 잡고 나에게 던졌다. 나는 다가오는 것이 진짜 뱀인 것으로 잠시 상상하였고, 아무런 보호를 받지 못할 것처럼 느끼면서 비명을 질렀다. 그리고 심호흡을 하여 몸의 긴장이 풀리도록 했다. 다음에는 나에게 거미를 던졌고, 그다음에는 용 그리고 상어가 날아왔다. 나는 진정성 있게 이렇게 말했다. "왜 이런 일이 일어나는지 모르겠네. 나는 지금 무서워. 보호받을 수 없어. 다칠지도 모르겠어." 스캇은 나에게 자신의 세계를 들여다볼 수 있는 창을 주고 있었다.

놀이는 과각성으로 가득 차 있었다. 그가 강렬함을 통합할 수 있도록 돕기 위해 나는 이 책에서 가르친 모든 방법을 동원했다. 나는 그것이 실제가 아니라는 사실을 알면서도 그 경험은 실제처럼 느끼고자 했다. 나는 현재에 머물면서 강렬함을 유지하고자 관용의 창을 확장하기 위해 마음챙김을 사용했다. 나는 움직임과 호흡을 사용하고 내 신경계와 그의 놀이 에너지를 조절하기 위해 내가 경험하는 것을 말로 표현했다. 이는 또한 그가 정서적으로 범람하지 않고 자신과의 연결을 유지하는 데 도움이 되었다.

스캇은 가정 폭력의 목격자였고, 놀이를 통해 그가 경험한 과도한 긴장과 두려움을 내가 이해하도록 설정했다. 놀이에서 그는 동물들로 나를 위협하곤 했지만, 실제로 그 동물들이 나에게 해를 끼치지는 않았다. 그는 항상 자신이 다칠까 두렵고 폭력이 언제 시작될지 예측할 수 없는 자신의 느낌이 어떤 것인지를 내가 이해하도록 도와주었다.

놀이치료실에서 과각성을 다루는 더 많은 방법을 논의하기 전에, 잠시 시간을 내어 '〈표 3-1〉 조절 및 조절 불능의 신경계 증상'을 다시 참조하여 과각성 증상에 대해 떠올려 보자. 또한 강렬한 놀이를 하는 동안 우리가 조절하지 않으면 아이들은 우리의 진정한 반응을 얻고자 애쓰기 때문에 놀이의 강도가 높아질 위험이 있다. 그러므로 우리가 대리외상과 공감 피로를 경험할 위험이 있음을 기억하길 바란다.

과각성을 조절하기 위한 추가 정보

과각성(Hyper-Arousal)된 강렬함이 놀이에서 나타날 때 도움이 되는 호흡 및 말로 표현하기 경험을 좀 더 살펴보자.

호흡

과각성 상태가 놀이치료실에서 일어나면 아마도 얕은 호흡이나 숨을 참게 되고 동시에 몸이 조여 오는 것을 느낄 것이다. 이는 우리가 겁을 먹거나 몸에서 강렬함을 느낄 때 나타나는 자연스러운 반응이다. 그러나 호흡이 얕아지고 숨을 참으면 실제로 그 경험이 강화되고 과호흡을 일으켜 과각성된 에너지가 계속 이어진다.

방에서 과각성된 에너지를 경험하기 시작하고 호흡이 더 빠르고 얕아지는 것을 느끼면 숨을 길게 내쉬고 그라운딩하면서 에너지를 빼는 것이 중요하다. 때로는 칼싸움과 같은 놀이는 너무 빨리 진행되어 심호흡을 하기 어려울 때도 있다. 이 순간에는 부딪히고 휘두르는 것 사이에 심호흡을 하도록 자신을 상기시켜라.

호흡을 사용하면 강렬함이 그라운딩되어 신경계를 조절하는 데 도움이 된다. 아이들이 얻는 잇점은 호흡을 상기시키고 있는 당신의 호흡 소리를 들을 수 있다는 것이다.

목소리를 내라

만일 동물이 당신을 물거나 인형이 맞고 바닥에 던져지는 것을 당신이 보고 있다면 그때는 조용히 해서는 안 된다(만일 당신이 목소리를 낼 수 없도록 설정되었거나 침묵해야만 하는 놀이방식에 참여한 것이 아니라면). 공격성을 관찰하면서 어떻게 느끼는지를 설명함으로써 자신의 경험을 큰 소리로 나누어야 할 때다. 지금은 현실로 들어갈 때다! 그러다 보면 "무서워." "어떻게 보호해야 할지 모르겠어." "아야!"와 같은 말을 하기

나 소리를 지르는 자신을 발견하게 될 수도 있다. "내가 왜 싸우는지도 이해가 안 돼." 혹은 "왜 나에게 이런 일이 일어나는 거지? 난 아기가 걱정돼." 이런 것들은 강렬한 상황에서 '맞는 말'을 해야 하는 것이 아님을 의미한다. 현재 이 순간에서 맞는 말이 무엇이든 목소리를 내는 것이 중요하다.

당신의 경험을 큰 소리로 말하는 것은 당신과 아이의 편도체를 모두 진정시킬 수 있기 때문에 통합을 돕는다는 것을 기억하라(Siegel & Bryson, 2011).

그리고 아이가 말 그대로 무엇을 하고 있는지 관찰한 것을 진술하는 것은 놀이에서 우리 자신의 경험을 큰 소리로 공유하는 것만큼 중요하다는 것을 기억하라. 이것은 당신과 아이 모두가 놀이에서 무슨 일이 일어나고 있는지 방향을 잡는 데 도움이 될 뿐만 아니라 전두엽 피질의 활동을 유지하는 데 도움이 될 것이다.

느끼고 흘러가도록 두라

당신은 무술가이고, 적이 당신에게 다가오고 있다고 상상해 보라. 어떻게 할 것인가? "안 돼! 그러지 마."라고 말하면서 적을 막을 것인가? 당신의 길을 갈 것인가? 아니, 당신은 조심스럽게 적에게 다가갈 것이다. 적이 공격해 올 때, 당신은 공격에서 물러서지 않고 맞서게 된다. 당신은 자신이 그 강렬함과 함께 현재에 머무는 것을 허용하고, 그것을 그대로 흘러가도록 둔다. 그리고 다음 공격이 오면 당신은 그것에 다시 맞서고, 그것과 함께하고, 그것이 진행되도록 둔다.

우리가 어려움에 직면할 때 요가에서도 같은 과정을 볼 수 있다. 어쩌면 몸에서 뭉친 부분에 자극을 주거나 균형을 잃을 뻔했을 수도 있다. 당신은 어떻게 하는가? 당신은 조심스럽게 도전해야 할 동작을 위해 몸을 기울여 감각에 집중한 다음, 호흡을 이용해서 몸에 힘을 빼고 자세를 잡는다. 핵심은 아이의 강렬함이 우리에게 다가올 때 우리는 우리 자신과 머물면서 에너지를 유지하는 훈련을 한다는 것이다. 우리는 설정과 강렬함을 우리 자신이 허용하도록 훈련한다. 우리는 '한 발은 안으로 한 발은 밖으로'라는 진언을 기억해야 한다. 우리는 일어나고 있는 모든 일에 대해 진정한 반응을 느끼도록 자신에게 허락한 다음 모든 것을 그대로 놓아둔다. 우리에게 다가오는 각각의 강렬함의 파도와 함께 이것들을 반복할 수 있다.

네 살 된 헨리와 함께한 회기는 이러한 훈련을 잘 보여 준다. 헨리가 나에게 쉭쉭하는 소리를 내면서 불타는 독을 던지는 동안 나는 의자와 카우치(couch) 사이에 쪼그린 채로 들어가 나 자신을 보호하려고 몸을 웅크리고 있었다. 놀이상황에서 나는 마치 불타는 독이 보이는 그대로 나에게 던져지는 것처럼 반응하고, 독이 내 몸을 덮고 있었기 때문에 말조차 할 수가 없었다. "몸이 아파." "아야." "불이 붙었어!" "그만해!" "숨이 막혀." "무서워." "이건 믿을 수가 없어." "안전하지가 않아." 이런 말을 했다. 그는 다시 나에게 와서 원시적이고 동물적인 방식으로 내 얼굴에 쉭쉭 소리를 내었고 내 몸은 얼어붙었다. 나는 그 경험에 머물되 사로잡히지 않도록 하면서 내가 놀이치료 회기에 참여하고 있다는 사실을 조용히 상기시켰다. 나는 호흡했다. 계속 호흡했다. 헨리가 트라우마 속에서 겪었던 두려움을 나에게 이해시키기 위해 설정한 것으로부터 벗어날 수 있도록 숨을 내쉬는 데 집중했다. 나는 발가락을

꿈틀거렸다. 좁은 공간에 갇혀서 움직일 수 있는 유일한 신체 부위가 발가락이었기 때문이다. 나는 내 몸에서 느껴지는 강렬함을 그대로 놓아두었다. 나는 나 자신으로 돌아왔다. 그러고 나서 헨리가 다시 나에게 쉭쉭거리며 다가왔고 이번에는 베개로 나를 눌러 더 많은 압력을 가했다. 그는 내가 압도감, 고통, 공포에 휩싸여 그것을 멈추기 위해 아무것도 할 수 없는 느낌을 경험하기를 원했다. 그의 세계를 느끼면서 나는 그것을 느끼고, 말로 표현하고, 움직이고, 그대로 놓아두는 것을 허용했다.

칼싸움을 하자

어렸을 때 카우보이와 인디언 놀이, 경찰과 강렬함 놀이, 베개싸움 놀이 등 우리 대부분은 싸움놀이의 에너지를 경험해 본 적이 있다. 그리고 일반적으로 우리는 웃고, 똑같이 열심히 반격하고, 경쟁적이고 우스꽝스럽고 장난스러웠다. 칼싸움은 놀이치료 회기에서 흔히 볼 수 있지만, 일반적으로 재미와 장난기가 수반되지 않기 때문에 흔한 아동기 싸움과는 매우 다르다.

다음은 놀이치료실에서 칼싸움을 촉진하여 치료 효과를 높이는 몇 가지 팁이다. 이는 일반적인 안내사항이지 규칙이 아니라는 점을 명심하라. 만약 아이들이 뭔가 다른 것을 원한다면 당신에게 알려 줄 것이다. 가장 중요한 것은 당신의 직관을 믿는 것이다.

이기지 말라-천천히 힘을 빼라

다른 형태의 놀이와 마찬가지로 칼싸움에서 아이들은 자신이 느끼는 감정을 치료자도 느낄 수 있도록 설정하려고 시도하는 것으로 대개는 힘이 없는 상태다. 그들은 무력한 상태에서 자신이 경험하고 있거나 경험해 온 어려움에 대한 지각을 통합하려고 애쓰고 있다.

힘을 빼는 것이 중요하다. 당신이 충분한 힘이 없고, 충분히 강하지 않아도, 자신을 잘 끌고 갈 수 없을 정도로 무력감을 느끼더라도 느끼는 대로 두어라. 힘을 빼는 데 도움이 되는 가장 좋은 방법은 구석이나 카우치로 가서 천천히 바닥이나 카우치 위로 쓰러지면서 몸을 더 작아지게 만드는 것이다.

너무 잘하지 말라

아이들에게는 적절한 대적 상대가 필요하다. 그런데 당신이 너무 잘하는 상대가 되어 버리면 아이는 정말 열심히 싸워야 하는 것은 말할 것도 없고 치료자로서 당신을 패배시키기 위해 싸움은 더 커지게 된다. 가능한 한 최선을 다하되 아이의 키 수준까지 낮추어서 칼싸움을 하는 것도 중요하다.

나는 시너제틱 놀이치료 집중 훈련 중 한 치료자가 칼싸움을 너무 잘하는 좋은 예를 보았다. 치료자는 키가 큰 여성이었고, 그녀의 내담자는 다섯 살 소년으로 치료사의 절반 정도의 몸을 가진 아이였다. 아이가 싸움을 시작하자 치료자는 우뚝 서서 그의 머리 위로 칼을 높이 휘둘렀다. 그 결과 아이는 치료자의 힘을 쉽게 빼앗을 수 없게 되었다. 아이는 치료자의 칼을 잡으려고 점프하고 높이 휘두르고 있었다. 아이는 치료자를 쓰러뜨리기 위해 생각해 낼 수 있는 모든 것을 시도했다. 치료자가 무력함을 느끼게 하고, 힘을 없애기 위해서는 그렇게 해야만 했다. 아이는 치료자를 찌르려고 했고, 칼 두 자루를 들고 싸웠으며, 심지어 의자를 끌어당겨서 올라가 서서 해 보기도 했지만 아무 소용이 없었다. 결국 아이는 칼로 치료자의 다리를 '잘라 버리겠다'며 공격했고, 그제야 치료자는 쓰러졌다.

반격을 해도 되는가

반격할지 여부는 여러 요인에 따라 달라진다. 나는 반격하고 싶어도 반격할 수 없을 만큼 강하고 빠른 칼싸움을 경험한 적이 있다. 어떤 때는 아이가 천천히 물러났다가 속도를 높여 당신에게 돌진하면서 속일 때도 있을 것이다. 갑자기 팔을 쳐서 막을 수 없을 수도 있을 것이다. 정말 많은 경우가 있지만 놀이 안에서 칼싸움이 일어나는 맥락과, 그 결과로서 발생하는 에너지가 가장 중요하다.

만일 당신이 반격할 수 있다면, 물론 그게 진정성이 있는 것이라고 생각되면 반격하라. 하지만 다음 두 가지 중요한 지침을 따른다.

- 가끔 아이가 "공격하세요!" 또는 "내 다리를 자르세요!" 또는 이것과 비슷한 말을 할 때도 있다. 아이가 칼로 공격하라고 하면 아주 조심스럽고 부드럽게 하라. 아이에게 당신이 무엇을 해야 할지를 정확하게 지시적으로 알려 달라고 해라.
- 칼싸움이 과하다고 느껴지거나 아이가 요구하는 내용이 불편하게

느껴지면, 그 놀이를 인정하고 재지시하고 경계를 설정한다.

나는 통제 욕구가 높거나 지는 것과 무력해지는 것을 좋아하지 않는 치료자가 때때로 약간의 작은 공격을 가하는 것을 관찰해 왔다. 아마도 에너지가 잠잠해졌을 때 아이의 다리를 재빨리 약하게 치거나 아이가 안 보고 있을 때 재빠르게 살짝 찌를지도 모른다. 우리는 때로 힘을 잃기가 힘들 때가 있고, 강렬함을 느끼는 순간을 원하기도 한다. 놀이치료실에서 이런 일이 일어난다면, 자신의 욕구를 알아차리고 호흡하면서, 당신이 피하고 싶은 불편한 감정을 있는 그대로 느끼도록 허용하라.

놀이 대본 작성

아이들이 당신에게 칼로 치라고 요청할 때(수갑을 채우거나, 기타 공격적으로 보이는 행동을 요구할 때) 아이가 다음에 일어날 일을 대본으로 작성할 수 있도록 하는 것이 매우 중요하다. 이것은 일반적으로 치료 과정에서 아이들이 스스로에게 부여하기 위해 당신을 도전 대상으로 삼아야 하는 시간이다. 이런 일이 발생하면 잠시 멈추고 아이에게 정확히 어떻게 해야 하는지 말해 달라고 부탁하라.

예를 들어, 제니퍼(여덟 살)와 내가 칼싸움을 할 때 제니퍼는 두 자루의 칼과 방패를 갖고 있었지만 나는 아무것도 없었다. 나는 나 자신을 보호할 방법이 전혀 없이 완전히 무력하게 느끼도록 설정되었다. 제니퍼는 갑자기 나에게 칼과 방패를 건넸다.

"이제 저를 공격해 보세요."라고 말했다.

나는 잠시 멈춰서 이 순간에 머물렀다. "네가 나에게 했던 대로 똑같이 할까? 아니면 다른 방식으로 할까?" 나는 물었다.

"제가 선생님한테 했던 것처럼요." 그녀가 말했다.

나는 칼싸움을 시작하기 위해 그녀에게 다가가면서 호흡하는 것을 상기시켰고 그녀가 하지 않은 행동은 하지 않도록 조심하였다. 내가 그녀의 다리에 칼을 휘두르려던 순간, 그녀는 마법 물약을 나에게 뿌려 나를 동상(조각상)으로 만들어 버렸고, 그렇게 자신의 힘을 되찾았다.

만약 아이들이 당신이 매우 불편하게 느끼는 일을 하라고 하거나 아이들이 원하는 방식이 실제 트라우마 경험을 강화할 수 있다고 생각된다면, 이를 인정하고 재지시하라. 이것은 아이들이 당신에게 뭔가를 해 달라고 요청하든 안 하든 어떤 놀이에도 적용된다. 그러나 무엇을 하든 에너지는 계속 움직이도록 유지해야 한다.

 핵심 요약

- 조절하라, 조절하라, 조절하라!
- 강렬함과 과각성 증상이 나타나면 호흡을 조절하고 호흡이 얕아지는 것을 느끼면 날숨을 길게 내쉬는 것이 중요하다.
- 극도로 각성된 놀이의 강렬함을 느끼기 시작하면 그것을 느끼고, 말로 표현하고(이름을 붙이고), 움직이고, 흘러가는 대로 둔다.
- 놀이 안에서의 설정을 느끼는 것이 중요하지만, 실제로 다칠 수 있겠다고 생각하면서까지 놀이에 참여하지 않는 것이 중요하다는 점을 기억한다.
- 칼싸움 놀이 가이드: 천천히 힘을 빼되 너무 잘하지 말고 도전자가 되어 뭔가를 해 달라고 아이들이 요청하면 놀이의 대본대로 한다.

chapter

13 저각성 놀이

나는 어머니 옆에 앉아 있는 다섯 살 제니를 맞이하기 위해 대기실로 들어갔다. 인사하기 위해 몸을 숙였고, 제니는 의자에서 뛰쳐나와 복도로 달려갔다. 나는 너무 놀라서 내 감정을 알아차리거나 느낄 새가 없었다. 나는 돌아서서 그녀를 쫓아갔다. 따라가고 있을 때, 그녀가 놀이치료실로 달려오는 것이 보였다. 내가 놀이치료실로 들어서자마자 제니가 놀잇감 총을 꺼내 쏘았다. 나는 죽었고 회기의 남아 있는 시간은 그렇게 보냈다. 내가 생각할 수 있었던 것은 "안녕이라고 인사도 못 했네."라는 것이었다.

놀이치료실에서 죽음은 정말로 필요한가

제니는 태어나자마자 입양되었다. 여러 면에서 그녀는 그림처럼 완벽한 입양 스토리를 가진 아이였다. 그녀의 생모는 좋은 가정에서 태어난 뛰어난 능력을 지닌 열여섯 살 소녀였는데, 그녀는 아직 어머니가 될 준비가 되지 않았다고 판단했다. 그녀는 제니를 입양 보내기로 결정한 후 양부모를 직접 선택했다. 제니의 양부모는 임신 기간 동안 함께 했으며 출산 당시에도 방에 같이 있었다. 제니가 세상에 나왔을 때, 양어머니의 품에 안겨졌다.

인사하고 연결되고 싶었지만 곧바로 완전히 버림받고, 거절당했으며, 누군가로부터 원치 않음을 느낀 제니의 마음을 치료자가 느껴야 했기에 제니는 나를 죽일 수 밖에 없었다. 나는 그녀가 경험한 버림받은 마음과 충격의 정도를 이해해야 했다.

어느 정도 정서적 무감각, 해리, 정서적 위축, 우울증을 겪고 있는 아동은 종종 저각성 상태를 드러낸다. 아동이 받아들여야 하는 어려움이 너무 커서 아무것도 할 수 없다고 여겨지거나 너무 오래 지속되어 너무 강렬한 어려움이라고 생각될 때 신경계는 자연스럽게 자기 보존(self-preservation)을 위해 등쪽 부교감신경계가 활성화된 저각성 상태로 들어간다는 점을 기억하라.

이런 경험을 한 아이들에게 죽음 놀이는 치료의 매우 중요한 부분일 수 있다. 죽음은 또한 무기력하고, 하찮게 여겨지고, 깊이 거부당하고, 심지어 사라지고 싶어 하는 느낌이 어떤 것인지 치료자에게 알려 주기 위한 설정의 일부로 사용될 수도 있다. 죽음을 목격했거나 사랑하는 사람의 상실을 경험한 일부 아동에게는 죽음 놀이가 문자 그대로 일 수도 있다.

치료자는 죽음을 주제로 하는 놀이가 죽음을 조장하는 것이라는 두려움을 가질 수 있다. 공격성과 유사하게, 만일 아이들이 죽고 죽이

는 놀이를 하면 놀이치료실 밖에서 무서워하는 행동을 조장하게 된다
는 두려움이 있을 수 있다. 공격적인 놀이와 마찬가지로, 이러한 유형
의 놀이가 진행되는 동안 강렬함 속에서도 마음챙김을 유지하고, 조절
하고, 모델링하는 치료자의 능력이 통합을 촉진하는 데 도움이 된다는
점을 기억하는 것이 중요하다. 치료자가 놀이에서 발생하는 감정의 강
렬함을 언어로 표현하지 않고 놀이가 마무리될 때, 그리고 자신의 몸과
아동과의 관계에서 일어나는 일을 말로 표현하지 않을 때, 아동은 놀이
방에서 나가 외부에서 통합을 위한 시도를 계속할 위험이 있다.

놀이치료실에서 죽음에 대해 다룬다는 것이 어려운 일이라고 생각
된다면, 모든 문화권에 기록된 역사 전반에 걸쳐 아이들은 죽은 척하는
놀이를 해 왔다는 점을 명심하라. 아이들이 죽음 과정에 대해 궁금해하
는 것은 정상이다. 아이들은 매일 죽음과 종말에 둘러싸여 있다. 놀이
치료실은 아이들이 일상 경험의 중요한 부분을 처리하면서 발생하는
감정과 감각을 탐구할 수 있는 완벽한 장소다.

죽으면서 넘어지기

나는 수년에 걸쳐 많은 시행착오를 통해 때로는 우스꽝스럽고 때로
는 고통스럽기도 했지만 치료자가 죽을 때 쓰러지는 유용한 방법이 실
제로 있다는 것을 배워 왔다. 다치지 않게 당신을 지키면서 죽는 방법,
아이와 함께 있는 방에서 무슨 일이 일어나고 있는지를 계속해서 알고
있도록 하는 방법으로 죽는 것이 중요하다. 아동이 치료자에게 "이제
살아났어요."라고 말할 때까지 죽은 채로 있거나 회기가 끝날 때까지

죽은 상태를 유지하는 것도 중요하다.

어떤 회기에서 나는 강도이고 은행을 털어야 한다는 말을 들었다. 내가 금전등록기로 몰래 다가가자 마가렛은 나에게 자신을 보면서 두 손을 높이 들라고 소리쳤다. 나는 손을 공중으로 들었고, 내가 돌아서자 그녀는 나에게 총을 쐈다. 나는 뒤로 물러나며 비틀거렸고, 그녀는 나에게 다시 총을 쐈다. 마치 내가 실제로 총을 맞은 것처럼 내 몸이 반응했다. 나는 이 순간 아마도 죽었을 것이라는 사실을 알고 넘어졌다. 아쉽게도 나는 내가 어떻게 넘어질지 계획을 세우지 못한 채 넘어져서 등이 모래상자 모서리에 부딪혔다. "아야." 나는 팔을 좌악 벌려, 완전히 몸을 드러낸 채로 바닥에 등을 대고 쓰러졌다. 내가 기억하는 다음 상황은 그녀가 나의 아랫배를 칼로 찔렀다는 것이다. 다시 아팠다.

놀이치료실에서 죽어야 할 때 자신을 안전하게 지키기 위한 몇 가지 제안은 다음과 같다.

- 부드러운 물건에 넘어진다. 총에 맞거나, 칼에 찔리거나, 주먹으로 맞는 척하는 경우 언제든지 푹신한 소파나 의자와 같은 편안한 곳으로 넘어지거나 그 위에 넘어질 수 있다.
- 당신이 넘어질 때, 머리와 배를 보호할 수 있는 자세로 넘어지도록 한다. 가능하면 몸을 웅크린다. 배와 심장이 드러난 상태에서 넘어지면 아이들은 그곳을 총으로 쏘거나 칼로 찌를 확률이 높다. 날 믿어라!
- 눈을 완전히 감지 마라. 완전히 감게 되면 다칠 수도 있다는 느낌이 들어 과도한 경계심을 가지게 된다. 또한 아이를 추적할 수도 없다. 눈을 크게 뜨고 먼 곳을 바라보는 것도 좋다. 눈을 뜬 채로

주변시(peripheral vision)를 사용하여 무슨 일이 일어나고 있는지 확인할 수 있다.

- 당신이 어떻게 넘어지든지 간에, 아이가 하고 있는 것으로부터 등을 돌리고 있지 말고 방의 중앙을 향하여 쓰러졌는지 확인한다.
- 만일 바닥에 넘어져야 한다면 태아 자세로 넘어진다. 한쪽 팔을 뻗어 머리를 얹고 다른 쪽 팔은 머리 꼭대기 위에 올려놓는 자세로 바닥에 넘어지면 팔 사이로 틈을 만들어서 엿볼 수 있게 된다.

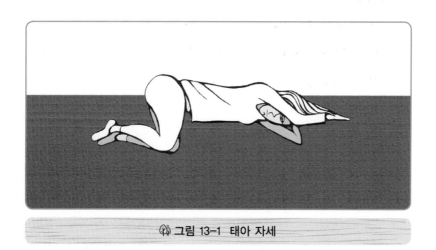

🌳 그림 13-1 태아 자세

죽은 사람은 말이 없는 법

치료자가 죽으면 말을 하지 않는 것이 중요하다. 나는 치료자들이 죽은 후에도 반복적으로 말을 시도하고 매번 다시 죽게 되는 것을 보았다. 죽은 상태에서 말하는 것은 실제로 그 과정을 연장시킨다. 나는 또한 죽은 동안 말하고 싶은 치료자의 욕구는 죽은 상태에서 느껴야 하는 모든 것을 다 느낄 필요가 없다는 치료자의 바람에서 비롯된다는 것을 알게 되었다. 많은 경우, 그것은 치료자가 통제력을 다시 얻는 방법이기도 하다. 왜냐하면 솔직히 말해서 죽은 척하는 것은 매우 무기력하고 통제할 수 없는 경험이기 때문이다.

죽은 상태에서 말하는 것을 금지하는 규칙에는 다음과 같은 세 가지 예외가 있다.

- 만일 아이가 어리고 시간이 많이 지나면 자신이 치료자를 다시 살아나게 만들 수도 있다는 점을 치료자가 상기시켜 주는 것이 중요하다. 빠르게 일어나서 "네가 결정할 수 있는 건데, 네가 원하면 언제든지 나를 살아나게 할 수 있어."라고 속삭인 다음 다시 누울 수 있다.
- 당신이 죽었다고 해서 시간을 몰라야 하는 것을 의미하지는 않는다. 아이에게 10분, 5분, 1분 남았다고 알려 주는 것은 여전히 중요한 일이다.
- 당신이 죽었다고 해서 당신에게 지켜야 할 경계가 더 이상 없다는 것을 의미하지는 않는다. 당신이 죽었고 아이가 계속해서 당신을 찌르거나 다치게 하려고 한다면, 경계를 설정하는 것이 중요하다.

저각성과 죽음을 통해 조절하기

죽은 척하는 놀이는 공격적인 놀이만큼이나 강렬할 수 있다. 저각성 상태의 조절은 작업할 수 있는 에너지가 많지 않기 때문에 어려울 수 있다. 그러나 계속해서 마음챙김, 호흡, 움직임을 사용하고, 과정에서 일어나는 부분적인 경청을 큰 소리로 말로 표현하는 것이 중요하다(당신이 말할 수 있는 상황일 때). 그렇지 않으면 아주 멍한 상태를 경험하고 잠재적으로 주변과 연결성이 떨어진 상태가 되고 해리될 수 있다. 당신이 조절하지 않고 여전히 어느 정도의 강도를 유지하고 있으면, 아마도 그 회기가 지나고 언젠가 놀이의 효과를 느낄 것이다.

아마도 죽음 놀이에서 저각성 에너지를 촉진하는 데 있어 가장 어려운 부분은 죽었을 때 말을 할 수 없고 가만히 있어야 한다는 것이다. 이러한 이유로 조절은 내적 과정이 되어야 한다. 자신의 경험을 큰 소리로 말하거나 외적으로는 움직일 수는 없지만 마음챙김, 호흡 및 내적 움직임을 사용하면 신경계의 조절 불능 상태를 돕고 현재에 머물 수 있다. 당신은 죽어도 당신의 몸은 그대로 있다! 거기 누워 있는 동안 당신은 그 설정을 느끼면서 놀이에 참여하고 있으며, 경험할 수 있는 강렬한 감각을 통해 조절을 연습하는 것이 여전히 중요하다는 점을 기억하라. 다음은 당신이 현재에 머물면서 아이와 조율할 수 있도록 당신의 신체를 조절하는 몇 가지 요령이다.

호흡하라! 호흡하라! 호흡하라!

저각성 놀이에서도 자신을 조절하고 현재에 머무는 가장 좋은 방법 중 하나는 호흡하는 것이다. 죽은 동안 조절된 호흡을 연습하라. 이것은 죽은 채로 긴 시간을 있어야 할 때 특히 유용하다. 들숨과 날숨의 시간을 동일하게 하여 호흡을 조절한다. 때로는 숨을 쉬는 동안 조용히 숫자를 세는 것도 도움이 된다. 숨을 들이쉬면서 천천히 하나-둘-셋-

넷을 세고, 숨을 내쉴 때 천천히 하나-둘-셋-넷을 센다. 계속해서 사이클을 반복한다. 편안하다고 느끼는 한 당신이 세는 숫자가 무엇인지는 중요하지 않다.

생각해 보기

죽은 듯이 바닥에 누워서 1분 동안 조절된 호흡을 연습해 보세요.

보디 스캔을 하라

현재에 머무는 또 다른 전략은 보디 스캔을 하는 것이다. 마음챙김을 사용하여 발에 집중하고 잠시 멈춰서 느껴 본다. 당신은 그들이 내적으로 매우 활동적이라고 느낄 수도 있고, 느낌이 없다는 것을 느낄 수도 있다. 그냥 느껴라. 그런 다음 신체의 다른 부분에 주의를 옮기고, 그럴 때마다 잠시 멈춰서 그 부분이 어떤 느낌인지 알아차려라.

몸의 어떤 부분을 느낄 때 당신은 그것을 움직여 보고 싶을 수도 있다. 만일 이런 경우라면 아이에게 보이지 않는 방법으로 미세하게 움직이는 것이 필요하다. 신발 안의 앞 발가락을 꼼지락거려 보고, 근육을 조였다 풀고, 바닥이나 소파 위에서 몸의 무게를 느껴 보는 것은 죽음 놀이 안으로 작은 움직임을 가지고 들어갈 수 있는 방법이다. 최적의 조절을 위해 양측을 같이 사용하는 움직임을 행하는 것을 고려할 수도 있다(양측이란 '양쪽에 영향을 준다.'는 의미). 예를 들어, 왼쪽 다리와 오른쪽 다리의 근육을 교대로 힘을 주어라. 이는 뇌의 오른쪽과 왼쪽 반구를 모두 활성화하여 통합을 촉진하게 된다.

당신은 여전히 느끼고 있다

비록 당신이 죽었을지라도, 당신은 여전히 아이들이 자신에 대해 인식하고 그들이 겪은 힘든 경험을 느낄 수 있도록 설정되어 있다. 누워 있을 때, 자신에게 물어보라. "지금 나는 어떤 기분인가? 외로운가? 슬픈가? 무력감을 느끼는가? 나는 살아남을 기회조차 없었던 것일까? 나는 소중하지 않다고 느끼는가? 나는 더 이상 강도 높은 과각성이나 공격성을 다루고 싶지 않아서 느슨한 마음을 느끼는가?" (마지막 질문은 고강도의 공격적인 놀이를 한 후에 죽음이 일어났을 때 느끼는 일반적인 감정을 반영하는 것이다.)

당신이 설정을 느낄 때 그것에 휩쓸리지 않으면서 당신 몸의 조절 불능 상태를 알아차려라. 놀이치료실에서 조율하는 것을 유지하기 위해서 당신과 아이에게 일어나고 있는 것을 더 크게 보면서 유지하라.

비록 당신은 이것들을 소리 내어 말할 수는 없지만, 자신의 감정을 스스로 인정하고 조절의 이점을 계속 경험하게 될 것이다. 조용히 자신의 감정을 인정할 때, 당신은 자신과 연결된 상태를 유지하면서 이러한 감정을 향해 나아갈 수 있다.

당신은 여전히 마음을 느낀다

당신은 죽은 채로 누워 있는 동안 당신의 마음이 이런저런 생각들을 하기 시작한다는 것을 알게 될 것이다. 식료품 쇼핑 목록을 계획하거나 마음이 가는 어떤 것에 집중하고 방에서 일어나는 일을 느끼지 못하게 하는 것에 대해 생각할 수도 있다. 이것은 자연스러운 경험이고 일어나기 마련이다. 졸음을 느끼거나 정신을 차리려고 해 볼 수도 있다. 이런 일이 생기면 단순히 그것을 알아차리고 몸과 호흡에 집중하면서 주의를 돌려 자신에게 돌아온다. 만일 당신이 눈을 뜨고 엿볼 수 있는 곳에서 죽은 채로 있다면 방에서 무슨 일이 일어나고 있는지 알고 있어라. 그리고 아이를 의식하고 있어라.

아이는 당신을 느낄 수 있다

당신은 이렇게 많은 시간을 투자해서 자신의 저각성 상태를 관리해야 하는 이유가 무엇인지 궁금할 것이다. 대답은 아이가 당신을 느낄 수 있기 때문이다. 당신은 아직도 외부 조절자다.

짧지만 강력한 칼싸움 끝에 릴리는 내 심장을 찌르고 내가 죽었다고 선언했다. 운 좋게도 나는 놀이하는 쪽을 향해 태아 자세로 쓰러질 수 있었기 때문에 팔 아래로 보며 방 안에 있는 그녀의 위치를 추적할 수 있었다. 나는 마음챙김과 호흡을 사용하여 내 경험에 머물고 그녀의 설정을 느끼면서 나 자신과의 연결을 유지했다. 이렇게 하면서 나는 릴리와도 계속 연결될 수 있다는 것을 깨달았다. 다음 25분 동안 릴리는 약간 헤매는 듯 방을 돌아다녔으나 결국 모래상자로 가서 조용히 모래를 만져보고 용기에 담았다. 그녀는 결코 내가 있는 쪽을 보거나 나에게 다가오지 않았다. 10분이 더 지나자, 나는 나 자신과 현재에 머무는 것이 점점 더 어려워지고 있다는 것을 깨달았다. 그런 다음 나의 하루와 그날 저녁 무엇을 할지에 대해 생각하기 시작하면서 내 마음은 완전히 방황하게 되었다. 나는 나 자신과의 연결을 끊었고, 릴리를 위해 버티고 있던 에너지 용기(energetic container)를 놓아 버렸다. 나는 더 이상 거기에 머물 수 없었다. 그 순간, 릴리는 모래상자에서 벌떡 일어나 나에게 다가와 발로 찼다. 그녀는 내가 자신을 떠나 있다는 것을 느낀 것이다.

죽은 동안에도 현재에 머물기

정말 솔직하게 말하자면, 저각성 에너지 상태일 때는 등쪽 미주신경의 활성화로 인해 붕괴되고 주변과의 연결을 끊고 싶은 경험이 생기기 때문에 현재에 머무는 것이 어렵다. 학생들과 나의 개인적인 경험으로부터 내린 결론은 저각성의 파도를 다루는 것이 과각성을 다루는 것보다 훨씬 더 어렵다는 것이다. 놀이 중에서 무시당하고, 쫓겨나고, 버림받고, 죽게 내버려졌을 때 자신과 함께하려면 노력과 헌신이 필요하다. 대부분의 놀이치료사에게 이러한 경험은 온갖 종류의 불편한 감정을 불러일으킨다.

"말도 못하고 움직일 수 없는데 어떻게 누워서 아이에게 조절을 가르치는 걸까요?"라고 궁금해할 수도 있다. 아무 일도 일어나지 않는 것처럼 보일지라도 많은 일이 일어나고 있다. 당신이 거기 누워서 조심스럽게 조절하고 있을 때, 당신은 놀이치료실의 에너지에 영향을 미치고 있는 것이다. 당신은 아이들이 불편한 감정과 감각을 피하지 않고 나아갈 수 있도록 담아 주기를 지탱하고 있다. 침묵 속에서 아이들은 놀이와 연결된 자신의 감정을 느낄 수 있는 기회를 갖게 된다. 슬프거나 내향적인 아이 옆에서 조용히 조율하고 있는 민감한 어머니처럼 생각하라. 아이가 저각성 상태일 때에도 어머니는 계속해서 외부 조절자 역할을 한다.

이런 종류의 놀이를 하는 동안 내가 현재에 머무는 데 도움이 되는 방법 중 하나는 시각화다. 점점 작아지고 사라지고 싶고, 벗어나고 싶은 내 자신을 느끼면서, 강력하게 방만큼 커져 가는 내 모습을 상상한다. 나는 강력하게 내가 방보다 더 크다고 느낄 때까지 이것을 상상하며, 아이를 포함하여 그 안에 있는 모든 것을 품고 있는 나 자신을 느낀다.

 생각해 보기

태아 자세로 바닥에 누워 보세요. 원한다면 '죽음 자세'를 연습할 수도 있습니다. 이제 당신이 풍선처럼 힘차게 팽창하여 벽과 천장까지 뻗어 방의 가능한 모든 공간을 채우는 것을 상상해 보세요. 점점 커지는 자신을 느껴 보세요. 방에서 당신의 현재에 머물기가 확장되는 것을 느껴 보세요.

반복되는 죽음

때로는 아동이 회기 중에 여러 번 당신을 죽일 수도 있다. 당신은 죽었다가 다시 살아나라는 말을 들었을 때 또 다른 죽음과 만나게 된다. 이러한 유형의 놀이는 지칠 수 있으며 높은 수준의 조절이 필요하다. 자신의 신경계가 강렬한 과각성 상태와 저각성 상태 사이를 오가기 때문이다. 신경계 활성화 단계 중 하나로 이중 자율신경 활성화를 기억하라. 이는 교감신경과 등쪽 미주신경이 동시에 활동하려고 할 때 발생한다. 이것이 바로 그 느낌이다. 당신의 일부는 싸우고 싶어 하고 일부는 붕괴를 원한다. 시간이 지남에 따라 이 놀이의 설정은 오직 죽고 싶고 죽은 채로 머물고 싶은 느낌을 만들 수 있다. 이런 일이 발생하면 놀이는 늘어난 시간 동안 주변과 연결성이 끊어지고 멍해지도록 하는 등쪽 부교감신경계 가지의 활성화를 상징적으로 보여 준다. 치료자로서 자신이 놀이 중에 살아 있을 때 죽음이 임박했다는 것을 알기 때문에 이것은 무력감과 절망감을 만들 수도 있다. 시간이 지남에 따라 치료자가 '충분하다'는 지점에 도달했지만 이에 대해 아무것도 할 수 없기 때문에 분노의 감정이 생길 수도 있다. 이를 통해 조절을 모델링할 수 있는 진정성과 능력이 중요하다는 점을 기억하라.

저각성 묘사하기

나는 아홉 살 보비가 바닥에 군인들을 줄 세우고 있을 때 그 앞에 앉아 있었다. 방 안의 에너지는 매우 고요했다. 모든 것이 슬로 모션으로 진행되는 것 같았다. 내 뇌는 싸움이 일어날 것이라고 말해 주기 시작했지만 불안감을 느낄 수는 없었다. 사실 나는 그 어떤 것도 많이 느낄 수는 없었다. 그가 군인들을 배치하는 것을 보면서 나는 살짝 졸리기 시작했다. 세팅이 끝나면 보비는 군인을 집어 들고 슬로 모션으로 움직여 다른 군인을 쏘았다. 그는 조용히 총소리를 냈다. 소리는 흩어지다가 사라져 버렸다. 그는 다시 다른 병사를 집어들고 천천히 그리고 조용히 다른 병사를 공격했다. 전쟁은 시작됐지만, 볼 수는 있어도 느낄 수는 없었다.

죽음과 관련된 놀이를 지켜보도록 설정되었을 때, 우리는 저각성을 느끼도록 설정이 되기도 한다. 이런 일이 있을 때 우리는 졸릴 수 있다. 멍해지고, 이상야릇하고, 지루함을 느낀다. 우리 몸은 감정을 느끼는 데 어려움을 겪는다. 뿐만 아니라 우리가 일정시간 동안 강렬한 놀이를 할 때, 그리고 반복되는 죽음이 있는 사례에서처럼 우리의 신경계가 멈추기를 바랄 때도 비슷하다. 뇌에 너무 많은 것이 입력되면 등쪽 부교감신경계 붕괴 반응이 시작된다.

이러한 강렬한 상태를 조절하는 방법을 이미 배웠음에도, 경험하고 있는 것을 말로 표현할 수 없을 때 단어를 떠올리는 것이 어려울 수 있다. 당신의 저각성 경험을 표현하는 것은 종종 감각과 정서의 부재를 묘사하는 것을 포함한다. 예를 들어, 보비의 놀이에서 나는 이렇게 말했다. "네가 군인들을 준비시키고 있는 것을 보고 있는데 나는 몸에서 아무것도 느낄 수가 없네. 내 앞에서 싸움이 벌어지려고 하니까 무서워하라고 뇌는 말하고 있는데 나는 그걸 느낄 수가 없구나." 이것이 중요한 이유는 힘든 것을 지켜보고 그것에 대해 느낄 수 없는 경험이 트라우마 반응의 일부일 수 있기 때문이다. 몸은 자신이 경험하는 강도를 조절하기 위해 필요한 모든 조치를 취할 것이다. 트라우마를 경험했거나 관찰한 많은 아동의 경우, 경험을 재구성하기 위한 작업을 하기 때문에 신경계의 이러한 상태를 탐색하는 것은 중요할 것이다. 당신 자신을 느끼도록 허락하고 이를 통해 조절할 수 있으면 당신은 아이도 이렇게 할 수 있게 도울 수 있다.

그리고 아이의 놀이에 대해 관찰 진술을 계속해서 많이 해야 하는 것을 잊지 말라!

부정적인 자기 대화

저각성 놀이에 대해 마지막으로 주목할 것이 있다. 저각성 상태로 가득 찬 회기를 경험한 치료자들은 종종 나에게 "제가 무엇을 잘못하고 있는가요? 무엇을 놓치고 있나요?"라고 묻는다. 그들은 아무것도 놓치지 않았다. 사실, 그런 생각은 아이들이 그렇게 생각하고 느끼도록 설정한 것과 정확히 같다. 부정적인 자기 대화는 종종 각성 저하와 관련된 뇌 대화다. 이것도 설정의 일부다. 우리가 저각성 반응을 보일 때, 스스로에게 질문하기 쉽고, 우리가 뭔가를 이해하지 못하고 있다고 생각하고, 우리에게 문제가 있다고 믿기 쉽다. 우리는 이것이 모두 설정의 일부이고 아이가 내적으로 경험하는 것일 가능성이 높다는 것을 잊는다.

 핵심 요약

- 죽음은 신경계의 저각성 상태를 상징적으로 보여 줄 수 있다.
- 죽음은 무기력하고, 소중하지 않게 여겨지며, 깊이 거부당한다는 느낌을 알려 주기 위한 설정의 일부일 수 있다.
- 저각성 놀이 중에는 느끼고, 조절하고, 조율하는 것이 중요하다. 왜냐하면 아이들은 자신의 조절 불능 상태를 통합하기 위해 노력하면서 여전히 당신을 느낄 수 있고 머물러 주기가 필요하기 때문이다.
- 마음챙김 연습, 보디 스캔, '죽은' 상태에서 호흡을 사용하는 것은 움직이거나 말할 수 없을 때 조절하는 효과적인 방법이다.
- 가끔 각성 저하의 경험을 표현하려면 감각과 감정이 없는 것 같은 느낌을 묘사해야 하는데, 이는 등쪽 부교감신경계 붕괴가 신체 감각을 마비시키는 경험을 야기하기 때문이다.

14 공격적인 놀이 동안 부모 지원하기

"엄마, 오늘 놀이치료실에서 우리랑 놀래요?" 여섯 살 엘렌이 묻는다. 어머니는 같이 가도 괜찮은지 확인하려고 치료자를 본다. 치료자는 고개를 끄덕이며 참여해도 괜찮다고 알려 준다.

세 사람이 놀이치료실에 들어가자 엘렌은 곧바로 놀이를 시작한다. 그녀는 아기 말과 호랑이 피겨를 꺼낸다. 곧바로 호랑이는 새끼 말을 공격하기 시작하고, 그것을 물고 심하게 다치게 한다. 어머니는 충격에 빠져 어찌할 바를 모르고, 무슨 말을 해야 할지 몰라 하면서, 딸이 이렇게 노는 모습을 보면서 확연하게 압도된다. 그녀는 재빨리 딸을 바라보며 이렇게 말한다. "엘렌, 말에게 친절하게 대해 줘. 그렇게 노는 건 옳지 않아." 엘렌은 어머니를 본 다음 치료자를 바라보며 치료자가 어떻게 반응할지 기다리고 있다.

공격성은 치료자에게만 힘든 일이 아니라 부모에게도 힘든 일이다. 부모가 방에서 놀이를 관찰하고 있거나, 놀이에 참여하도록 요청을 받

거나, 집에서 아이의 공격성으로 힘들어하고 있는 경우, 부모도 자녀만
큼 많은 지원이 필요하다.

부모와 함께 작업하는 것에 대한 많은 이론이 있다. 일부 치료자들은
부모가 항상 놀이치료실에 있어야 한다고 주장한다. 일부 치료자들은
방에 부모가 아예 없는 것을 선호하고, 아이와 별도로 부모와 따로 작
업하는 것을 선호한다. 또 다른 사람들은 절충한다.

부모와 함께 작업하는 것이 실제 현장의 한 부분인 한 당신이 어떤
이론을 바탕으로 작업하는지는 중요하지 않다. 이 장에서는 아동이 놀
이치료실에 들어와서 공격적인 놀이를 시작할 때 부모와 작업하는 방
법에 대해 설명할 것이다.

이러한 시나리오를 상상해 보자. 당신과 작업하는 아이가 총이나 칼,
수갑을 쥐고 있다. 어쩌면 그는 어머니가 지켜보는 앞에서 당신에게 이
런 놀이를 하려고 할 수도 있다. 아마도 아이는 놀잇감 상자를 모두 바
닥에 버리거나 방 맞은편으로 던질 수도 있다. 당신은 어떻게 할 것인
가? 이것을 어떻게 치료적으로 작업할 수 있을까? 그리고 더 중요한 것
은 신경계가 조절 불능 상태로 될 수도 있는 그 어머니와 어떻게 작업
을 시작할 것인가?

이해해야 할 가장 중요한 점은 부모가 놀이치료 회기에 참여하는 순
간 이제 당신은 당신, 아동, 부모, 이렇게 세 개의 신경계 조절을 책임
져야 한다는 것이다.

세 살 올리비아는 대기실에서 엄마의 팔을 잡고 놀이치료실로 들어
가자고 손짓했다. 이런 모습은 세 번째 회기에서만 있었고 이전 두 회
기에서는 어머니가 방에 오는 것을 원하지 않았다. 치료자는 올리비아
의 요구를 기꺼이 받아들였고, 세 사람은 함께 들어갔다.

함께 입실한 후 어머니는 의자에 앉아 지켜보았다. 올리비아는 어머니 옆에서 치료자와 함께 바닥에 앉아 놀이를 시작했다. 그녀는 놀잇감 병사들을 꺼내 전쟁놀이를 시작했다. 많은 군인이 안전한지 아닌지가 확실하지 않았기 때문에 불안감과 극도의 긴장감이 방을 가득 채우기 시작했다. 치료자가 올리비아가 하는 놀이를 세세하게 진술하면서 놀이를 추적하기 시작했다. 치료자가 놀이를 추적하는 동안 올리비아는 조절하지 않았고, 에너지를 줄이지도 않았으며, 방 안에 감도는 두려운 감정을 말로 표현하려고 하지 않았으며 강도는 높아지기 시작했다. 올리비아의 놀이는 점점 더 폭력적으로 변했지만, 경계가 필요할 정도까지는 아니었다. 그냥 강렬했다. 강도가 높아짐에 따라 치료자는 계속해서 그녀와 놀면서 관찰적인 진술을 했고, 어머니는 계속해서 지켜보았다.

놀이가 점점 공격적으로 변해 가자 어머니의 몸은 눈에 띄게 긴장하였고 불편한 모습을 보였다. 강렬함이 '너무 많다(too much).'고 느껴지는 것이 분명해지면서 등쪽 부교감신경계(dorsal parasympathetic) 반응의 징후가 나타나기 시작했다. 어머니는 정서적 범람을 일으키기 시작했다. 바닥에 앉아 아이에게 집중하고 있던 치료자는 어머니에게 일어나는 일을 알아차리지 못했다.

이 상황은 슈퍼비전에서 관찰한 놀이 회기였다. 녹화된 영상을 보면서 놀이가 진행되는 모습을 볼 수 있었고, 모두의 신경계가 어떻게 강렬함을 조절하려고 애쓰는지 볼 수 있었다. 나는 이 아이가 부부의 가정 폭력을 목격했다는 사실 또한 알고 있었다. 나는 또한 이 아이가 부부 사이의 가정 폭력을 목격했다는 것을 알고 있었다. 아버지가 어머니를 물리적으로 폭행한 후 강제로 집에서 분리되었다는 것도 알고 있었다. 어머니는 놀이를 지켜보고 있는 듯했지만, 실제로는 자신이 겪었던 폭력을 보고 있었다. 딸이 바로 눈앞에서 공격성을 재현하고 있었고, 그 결과 어머니는 자신의 트라우마를 통합할 어떤 지원도 없이 재경험하고 있었다.

내가 이미 언급했듯이, 아이들은 치료자의 현재에 머물기, 진정성, 조절 능력을 느끼지 못하면, 치료자가 그것을 보여 줄 때까지 놀이의 강도를 높인다. 부모와의 관계에서도 마찬가지다. 아이들은 부모를 느껴야 하고, 그렇지 못한 경우에는 부모가 반응할 때까지 강도를 높인다. 이는 상담 회기에서 부모가 외부 조절자가 되도록 협력하는 것이 얼마나 중요한지를 말해 준다. 아이들이 놀이를 통해 말하고자 하는 것을 부모가 이해하도록 가르치는 것은 필요한 작업의 한 부분일 뿐이다. 다른 부분은 부모에게 자신의 신체 에너지를 조절하는 방법을 가르치는 것이다. 이를 통해 부모가 자녀에게 그 방법을 모델링할 수 있다. 회기에서 다음에 일어난 일은 치료자에게 큰 학습 경험이었다. 강도가 높아짐에 따라 어머니의 신경계는 셧다운하기 시작하였고 결국 해리 상태가 되었다. 그 순간, 아이는 어머니 뒤로 가서 장난감 칼을 잡았고 치료자는 이를 막을 수 없었다. 아이는 어머니의 얼굴을 향해 칼을 휘둘렀다. 트라우마가 재현되었다.

당연히 이 일은 회기에 참여한 모두에게 영향을 미쳤고 안전에 대한 신경지를 다시 형성하기까지는 어느 정도의 치유 작업이 필요했다. 결국 그것이 형성되었고 아이와 어머니 모두 긍정적이고 통합적인 놀이 치료를 경험할 수 있었다.

이 이야기는 이 장의 목적을 명확하게 보여 주는 매우 중요한 사례다. 나는 이 치료자가 용기를 내어 이 영상을 나와 공유한 것에 대해 매우 감사하다. 이를 통해 치료자는 놀이실에서 부모와 함께 일하는 새로운 방법을 배울 수 있었고, 이는 누구의 신경계도 범람하거나 차단되지 않으면서 더 깊은 수준의 통합을 이룰 수 있게 해 주었다.

슈퍼바이지가 부모와의 회기를 나에게 가져올 때마다 나의 첫 번째 질문은 "부모님은 어디에 계셨나요?"이다. 종종 부모는 놀이실에 들어오면 구석에 앉아 치료자와 아동 사이에 진행되는 놀이로부터 떨어져서 지켜보거나 의자에 앉아 있다. 그냥 관찰만 하는 경우가 많다.

부모가 놀이실에 있을 때는 두 명의 내담자가 있는 것이며, 치료자의 역할은 놀이방법이나 상호작용 방법을 알려 주는 것이다. 즉, 부모는 치료자 바로 옆 바닥에 앉아야 한다.

치료자가 종종 공격성 때문에 압도감과 두려움을 느끼는 것처럼 부모도 마찬가지다. 공격성이 괜찮은지 그렇지 않은지에 대한 그들 자신의 믿음, 그들의 공격성과 연관된 과거 경험, 강렬함 속에서도 그들 자신과 연결을 유지하는 능력은 놀이치료실에서 관용의 창에 영향을 미칠 것이다. 이것을 문자 그대로 해석하면 놀이치료실에서 공격성이 나타날 때 부모가 그 순간에 머물 수 있는지 여부 또는 부모가 그것을 중단하려고 시도할 것인지 여부다.

이러한 이유로 치료자는 놀이치료실에서 부모에게 또 다른 외부 조절자가 되는 방법을 가르치는 것이 중요하다. 이를 통해 부모는 놀이치료실에서 공격성이 발생할 때 자녀를 지원할 수 있다. 치료자가 부모에게 이런 방법을 가르치지 않는다면, 부모는 놀이실 밖에서 공격성이 드러날 때 쓸 수 있는 기술을 습득하지 못한다. 치료실 내에서 압도되고 트라우마를 겪은 나머지 밖으로 나가버리거나 다시 입실하지 않을 가능성도 높아진다.

코치할 시간

이미 살펴보았듯이 아이들은 자신의 내적 에너지를 조절하는 방법을 배우면서 어른의 조절 능력을 모방해야 할 필요가 있다. 이는 놀이치료사가 자신의 조절 능력을 강화하고 관용의 창을 넓히는 방법을 배워야 할 뿐만 아니라 부모에게도 그렇게 하는 방법을 가르쳐야 함을 의미한다.

시너제틱 놀이치료에서는 부모가 놀이치료실에 들어오면 치료자는 코치가 된다. 이상적인 시나리오로 본다면, 치료자는 부모가 회기에 참여할 것을 미리 계획하고 회기 전에 부모교육을 위해 따로 만날 시간을 예약했을 것이다. 이 부모교육 회기는 치료자가 부모에게 놀이치료실에서 예측되는 사항을 알려 주고, 부모가 사용하기를 바라는 기술 중일부를 연습하며, 치료자가 부모와 더 깊은 유대감을 형성함으로써 필요할 때 놀이치료실에서 부모를 도울 수 있다. 다시 한번 상기시키면, 미지(모르는 것)의 것은 뇌에 위협이 되므로 예상되는 것을 부모가 이해하도록, 성공적인 준비를 하라.

놀이치료실에서 부모를 조절하기

올리비아의 어머니가 들어와 의자에 앉아 지켜보고 있던 회기로 돌아가 보자. 올리비아의 놀이가 더욱 공격적이 되어 갈 때 어머니가 경험한 범람을 막고, 그녀 마음속에 올라오는 생각, 감정, 감각을 통합하는 것을 돕기 위해 이 회기를 어떻게 다르게 대처할 수 있었을까? 몇 가지 옵션을 살펴보자.

- 치료자는 올리비아가 치료실에서 진행하고 있는 것을 고려해서 훈련 회기 없이는 어머니가 치료회기에 들어오는 것이 적절하지 않다고 판단했다면 어머니를 참여시키지 않는 것을 말할 수 있다.

- 치료자는 비지시적 접근 방식으로 어머니의 준비 상태와 관용의 창을 가늠하는 동시에 놀이에서 더 많이 담아 줄 수 있도록 지시적 인 접근 방식을 더 많이 취할 수 있다.

- 비지시적 접근 방식을 선택했다면 치료자는 어머니에게 옆에 앉으라고 요청할 수도 있다. (어머니가 이렇게 할 수 없는 물리적 이유가 있다면 의자를 치료자 바로 옆으로 옮겼을 수도 있고, 치료자도 어머니 옆의 의자에 앉았을 수도 있다.)

- 놀이가 시작되면 치료자는 관찰 진술로 놀이를 추적하는 것 외에도 이 책에서 살펴본 모든 기술을 사용하여 강도를 조절하기 시작할 수 있다. 감각을 유지하고 편도체를 진정시키기 위해 그녀의 내적 경험을 큰 소리로 말로 표현하고, 호흡을 늘려 에너지를 가라앉히고, 움직임을 사용하여 강도를 통합하는 것은 모두 선택할 수 있는 것들이다. 치료자가 이렇게 하는 것은 어머니가 똑같이 하도록 촉진하는 것이다.

- 치료자는 어머니의 몸이 긴장하기 시작하는 것을 알아차렸을 때 어머니가 조절할 수 있도록 놀이를 잠시 멈추거나 강도가 세지는 것에 따라 어머니가 조절하도록 격려할 수 있다. 그렇다. 부모가 놀이실에 있을 때 놀이를 잠시 멈추어도 괜찮다!

- 가장 중요한 것은 지시적 접근 방식이든 비지시적 접근 방식이든

치료자가 놀이실의 모든 신경계에 대한 조절자가 된다는 것이다.

이와 같이 놀이치료실에서 부모와 함께 작업할 때 가장 훌륭한 점 중 하나는 아이들이 부모가 자신을 돌보는 모습을 관찰할 수 있다는 것이다. 이것은 아기가 앙앙 울고 조절 불능 상태가 심한 상황일 때, 부모 스스로 그라운딩하고 현재에 머물기를 하는, 부모의 노력을 느끼는 아기의 경험에 비유할 수 있다. 이렇게 하는 행동은 배쪽 부교감신경계 미주신경을 활성화시켜 그 순간에 안전감을 느끼게 해 준다(Bullard, 2015). 이는 부모와 자녀 간의 공동 조절에서 매우 중요한 단계다. 부모가 조절하기 시작하면 아이들은 조절 능력을 모방하기 시작한다.

치료자는 부모가 아이를 조절할 수 있도록 부모를 조절한다.

경계 설정

놀이치료실의 경계 설정을 의논하기 전에 부모가 회기에 참여하는 경우 먼저 탐색해야 할 더 큰 경계가 있다. 이 경계는 특히 공격성이 놀이에 나올 수도 있다는 것을 알고 있는 경우 부모가 회기에 참여하는 것이 유용한지 여부를 결정하는 것이다.

치료 계획의 일부로 부모를 방으로 들어오게 하는 결정을 생각해 보라. 목표를 달성하기 위해 부모가 그 자리에 있어야 한다면, 그 자리에 부모를 들어오게 하라. 만약에 부모가 왜 들어와야 하는지 모른다면, 거기에 올 필요는 없다. 만약에 부모가 그 회기에 들어올 예정이라면 왜 들어와야 하는지 알 필요가 있다.

부모를 놀이치료실에 들어오게 할지를 결정할 때 고려해야 할 사항은 매우 많다.

- 나는 부모의 트라우마 히스토리를 알고 있는가?
- 부모가 회기에 참여하기를 원하는가? (때때로 방에서 부모의 저항은 방해가 되므로 치료자는 그 저항을 기꺼이 다룰 필요가 있다.)
- 자녀가 통합하려고 하는 것에 대한 부모의 관용의 창은 얼마나 넓은가?
- 부모의 조절 능력은 얼마나 발달했는가?
- 부모는 정서적으로 얼마나 접촉할 수 있는 사람인가?

이것은 부모가 방에 들어오는 접근법을 결정할 때 치료자가 고려해야 할 모든 질문들이다. 특히 공격적인 놀이가 아이의 치료 과정의 일부가 될 것이라고 추측되는 경우 더욱 그렇다. 이 질문에 "아니오." 또는 "별로 좋지 않다."라고 대답한다고 해서 부모가 방에 들어오는 것이 도움이 되지 않는다는 의미는 아니다. 이는 회기 준비를 위해 부모와 더 많은 협력을 해야 하거나 더 많은 것을 담아내는 데 도움이 되기 위해 더 지시적인 접근 방식을 선택해야 함을 의미한다.

회기에 부모가 참여하지 않기로 결정한 경우에도 부모와 별도로 작업하는 것이 매우 중요하다. 나는 그것이 가능하지 않은 상황도 있다는 것을 이해하지만 최선을 다해 부모와 협력하여 온 가족이 함께 치유하고 성장할 수 있도록 해야 한다고 생각한다. 그러기 위해서는 필요한 지원을 확실하게 제공하기 위해서라도 부모와 작업해야 한다.

우리는 이미 아이가 수치심을 느끼거나 놀이를 멈추지 않고 경계를 설정하는 방법을 살펴보았다. 부모가 방에 있을 때 치료자는 경계를 설정하는 방법에 대해 부모에게 기꺼이 코치해야 한다. 우선적으로는 부모가 경계를 설정할 수 있도록 모델링하는 작업이 필요하다.

조던이 여섯 살이었을 때 그의 부모가 방임과 아동학대로 교도소에 들어간 후 이모가 그를 입양하였다. 조던의 치료 기간 동안 그는 부모와 함께 살면서 겪었던 많은 경험을 끌어냈다. 처음에 그의 놀이는 공포감, 과잉 경계, 안전감 결핍을 드러내면서 놀라울 정도로 과잉되게 흥분했다. 이 책에 설명된 방법을 사용하여 나는 조던이 조절 불능 상태를 거쳐 조절하는 방법을 배우고 결국 자신이 겪고 있는 감정과 감각을 통합하도록 도울 수 있었다. 조던이 자신과 연결되는 방법을 배운 후 놀이를 하고 싶지 않을 정도의 슬픔과 기분을 허용했을 때, 놀이는 저각성 쪽으로 전환되기도 했다. 나는 다시 조던을 상담하면서 감정을 통합할 수 있도록 도왔다. 조던의 놀이가 점점 더 조절됨에 따라 나는 이제 조던의 이모가 회기에 참여할 때가 되었음을 직감했다. 마침 조던도 같은 마음을 느꼈다. 다음 회기에서 조던은 나에게 이모가 들어올 수 있는지 물었다.

회기가 시작되자 조던은 물건을 던지기 시작했다. 나는 조던의 행동을 보고 그것은 이모를 설정하기 위한 시도이고, 모델링을 통해 이모를 코칭할 수 있는 적절한 신호라고 이해했다. 나는 조던에게 다가가서 눈을 바라보며 말했다. "조던, 이모가 네 기분을 이해하는 게 네게는 정말 중요하구나. 이모에게 다른 방법으로 해 보자." 조던이 다른 방법을 찾기 위해 방을 둘러보는 동안 나는 이모에게 이 경계 설정의 중요성을 설명했다. 회기 후반에 조던은 다시 이모를 압도하려고 베개를 들어 올려 이모를 숨 막히게 하려고 했다. 나는 재빨리 그의 이모 바로 옆에 가서 그녀가 연습할 수 있도록 경계를 설정하는 방법을 가르쳐 주었다. 이모는 조던에게 수치감을 주지 않으면서 경계를 설정할 수 있었다. 그 뿐 아니라, 조던의 행동이 내면에서 경험했던 모든 압도감을 이모에게 알리려는 방식이라는 것을 이해할 수 있었다. 이모는 이런 방식으로 집에서 조던에게 경계를 설정하여 둘 사이 관계를 계속 강화할 수 있다는 것을 배웠다. 그녀는 나중에 이러한 방식으로 경계를 설정하고 그의 외부 조절자가 될 수 있는 능력을 강화하는 것이 그들의 관계에 매우 중요했으며, 집에서 자신을 압도하려는 아이의 욕구가 급격히 줄어들었다고 말했다.

요약하면 부모가 회기 참여 시 할 수 있는 몇 가지 제안 사항은 다음과 같다.

- 부모는 자신의 신경계 조절을 도울 수 있도록 치료자 옆에 앉는다.
- 치료자는 코치가 된다.
- 당신은 부모가 완전히 임무를 행할 수 있을 때까지 부모 자신과 아이, 양쪽의 외부 조절자가 되도록 하는 책임을 진다.

핵심 요약

- 놀이치료실에서의 공격성은 치료자에게만 어려운 것이 아니다. 부모에게도 어려운 일이다. 부모가 놀이치료실에 있고 아이가 공격적으로 놀기 시작하면 부가적인 도움이 필요하다.

- 당신이 사용하는 놀이치료 이론이 무엇이든 간에 그것과 관계없이, 부모와 함께 작업하는 것은 치료의 중요한 부분이다.

- 부모가 놀이 회기에 참여했을 때는 코치할 시점이다.

- 부모와 함께하는 놀이치료 회기에서 치료자는 부모, 아이, 그 방에 있는 모든 신경계의 외부 조절자가 된다.

- 치료자는 부모가 회기 중에 관용의 창 내에 머물 수 있도록 경계를 설정하는 방법에 대해 기꺼이 부모에게 코치해야 한다.

마지막 생각

놀이치료실에서 공격성을 어떻게 다루는지를 배우는 것은 치료자 자신과 내담자와 함께 지속하는 여정이다. 그 여정에는 조율과 잘못된 조율의 순간들로 가득 차 있을 것이다. 불화와 교정의 순간도 많이 있을 것이다. 이는 놀이치료실에서 '제대로 잘 하기'에 관한 것이 아니다. 치유하려는 의지를 가지고 현실적이고 진정성 있게 행동하는 것이다. 회기에서 일어나는 모든 것은 함께 하는 경험을 이해하는 것이다. 이 공유된 경험은 더 깊은 치유와 변화로 들어가는 문이다.

깊이 호흡을 하고, 자신을 믿고, 몸을 느끼고, 안으로 한 발짝 들어가보자.

Badenoch, B. (2008). *Being a brain-wise therapist: A practical guide to interpersonal neurobiology.* New York, NY: Norton.

Badenoch, B. (2011). *The brain-savvy therapist's workbook.* New York, NY: Norton.

Badenoch, B. (2017). *The heart of trauma.* New York, NY: Norton.

Bandura, A. (1977). *Social learning theory.* Upper Saddle River, NJ: Prentice Hall.

Bratton, S., & Ray, D. (2000). What research shows about play therapy. *International Journal of Play Therapy, 9,* 47-88.

Bratton, S., Ray, D., Rhide, T., & Johns, L. (2005). The efficacy of play therapy with children: A meta-analytic review of treatment outcomes. *Professional Psychology: Research and Practice, 36,* 378-390.

Bullard, D. (2015). Allan Schore on the science of the art of psychotherapy. Retrieved from www.psychotherapy.net/interview/allan-schore-neuroscience-psychotherapy

Bushman, B. (2002). Does venting anger feed or extinguish the flame? *Catharsis, Rumination, Distraction, Anger and Aggressive Responding, 28,* 724-731.

Dales, S., & Jerry, P. (2008). Attachment, aggect regulation and mutual synchrony in adult psychotherapy. *American Journal of Psychotherapy,*

62(3), 300.

Demartini, J. (2010). *Inspired destiny*. Carlsbad, CA: Hay House.

Dion, L., & Gray, K. (2014). Impact of therapist authentic expression on emotional tolerance in Synergetic Play Therapy. *International Journal of Play Therapy, 23*, 55-67.

Dispenza, J. (2007). *Evolve your brain: The science of changing your mind*. Deerfield Beach, FL: Health Communications.

Edelman, G. M. (1987). *Neural Darwinism*. New York, NY: Basic Books.

Elbert, T., & Schauer, M. (2010). Dissociation following traumatic stress: Etiology and treatment. *Journal of Psychology, 218*(2), 109-127.

Fonagy, P., & Target, M. (2002). *Affect regulation, mentalization and the development of the self*. New York, NY: Other Press.

Geen, R. G., & Quanty, M. B. (1977). The catharsis of aggression: An evaluation of a hypothesis. In L. Berkowitz (Ed.), *Advances in experimental social psychology* (Vol. 10, pp. 1-37). New York, NY: Academic Press.

Gerhardt, S. (2004). *Why love matters: How affection shapes a baby's brain*. New York, NY: Routledge.

Ginott, H. (1965). *Between parent and child*. New York, NY: Macmillan.

Gottman, J. (1997). *Raising an emotionally intelligent child: The heart of parenting*. New York, NY: Fireside.

Heyes, C. (2009). Evolution, development and intentional control of imitation. *Philosophical Transactions of the Royal Society B, 364*, 2293-2298.

Iacoboni, M. (2007). Face to face: The neural basis for social mirroring and empathy. *Psychiatric Annals, 37*(4), 236-241.

Iacoboni, M. (2008). *Mirroring people: The new science of how we connect with others*. New York, NY: Farrar, Straus and Giroux.

Iyengar, B. K. S. (1979). *Lights on yoga: Yoga dipika*. New York, NY: Schocken Books.

Kabat-Zinn, J. (1995). *Wherever you go, there you are: Mindfulness meditation in everyday life*. New York, NY: Hyperion.

Kestly, T. (2014). Presence and play: Why mindfulness matters. *International Journal of Play Therapy, 1*, 14–23.

Kestly, T. (2014). *The interpersonal neurobiology of play: Brain-building interventions for emotional well-being*. New York, NY: Norton.

Levy, A. J. (2011). Neurobiology and the therapeutic action of psychoanalytic play therapy with children. *Clinical Social Work Journal, 39*, 50–60. doi:10.1007/s10615-009-0229-x

Marci, C. D., & Reiss, H. (2005). The clinical relevance of psychophysiology: Support for the psychobiology of empathy and psychodynamic process. *American Journal of Psychotherapy, 259*, 213–226.

Mehrabian, A. (1972). *Nonverbal communication*. Chicago, IL: Aldine-Atherton.

Ogden, P., Minton, K., & Pain, C. (2006). *Trauma and the body: A sensorimotor approach to psychotherapy*. New York, NY: Norton.

Ogden, P., Pain, C., Minton, K., & Fisher, J. (2005). Including the body in mainstresam psychotherapy for traumatized individuals. *Psychologist Psychoanalyst, 25*(4), 19–24.

Osho. (1983). *Hsin Hsin Ming: The Book of Nothing*. Tao Publishing.

Oxford Dictionaries. Aggression. Retrieved from https://en.oxforddictionaries.com/definition/aggression

Perry, B. D. (2006). Applying principles of neurodevelopment to clinical work with maltreated and traumatized children: The neurosequential model of therapeutics. In N. B. Webb (Ed.), *Working with traumatized youth in child welfare*. New York, NY: Guilford Press.

PESI. (2012). Applications of the Adult Attachment Interview with Daniel Siegel. PESI Publishing and Media.

Porges, S. (2011). *The polyvagal theory: Neuropsychological of emotions, attachment, communication, and self-regulation*. New York, NY: Norton.

Post, B. (2009). *The great behavior breakdown*. Palmyra, VA: Post.

Rizzolatti, G., Fogassi, L., & Gallese, V. (2001). Neurophysiological mechanisms underlying the understanding and imitaion of action. *Nature Review Neuroscience, 2,* 660–670.

Schaeffer, C., & Drewes, A. (2012). *The therapeutic powers of play: 20 core agents of change.* Hoboken, NJ: Wiley & Sons.

Schore, A. N. (1994). *Affect regulation and the origin of the self: The neurobiology of emotional development.* New York, NY: Erlbaum.

Schore, A. N. (2003). *Affect regulation and the repair of the self.* New York, NY: Norton.

Siegal, D. J. (1999). *The developing mind: How relationships and the brain interact to shape who we are.* New York, NY: Guilford Press.

Siegel, D. J. (2007). *The mindful brain: Reflection and attunement in the cultivation of well-being.* New York, NY: Norton.

Siegel, D. K. (2010). *The mindful therapist: A clinician's guide to mindsight and neural integration.* New York, NY: Norton, 2010.

Siegel, D. J. (2012). *Pocket guide to interpersonal neurobiology.* New York, NY: Norton.

Siegel, D. J. (2013). *Brainstorm.* New York, NY: Penguin Putnam.

Siegel, D. J., & Bryson, T. P. P. (2011). *The whole brain child: Revolutionary strategies to nurture your child's developing mind.* New York, NY: Norton.

Tyson, P. (2002). The challenges of psychoanalytic developmental theory. *Journal of the American Psychoanalytic Association, 50*(1), 19–52.

Van der Kolk, B. (2015). *The body keeps the score.* New York, NY: Penguin Books.

Zahavi, D. (2001). Beyond empathy: Phenomenological approaches to intersubjectivity. *Journal of Conscious Studies, 8,* 151–67.

찾아보기

인명

내용

저자 소개

Lisa Dion

Lisa Dion(LPC, RPT-S)은 교사이자 임상 슈퍼바이저다. 시너
제틱 놀이치료 연구소의 창립자이자 회장이며 '시너제틱 놀
이치료'의 창시자이기도 하다. 그녀는 놀이치료실 팟캐스
트(Podcast) 및 웹 세미나 시리즈의 강의를 주최하고 있으
며, Naropa University의 자아초월 상담심리학과 겸임 교수
다. 2015년 놀이치료협회의 전문 교육 및 훈련 우수상을 수상
했다.

역자 소개

최명선(Choi, Myung Seon)

숙명여자대학교 아동복지학과 아동심리치료 전공(문학박사)
한국놀이치료학회 놀이심리상담사 1급
여성가족부 청소년상담사 2급
한국발달심리학회 발달심리사
Interactive Metronome 전문가
신체감각심리치료 및 마음챙김 프로그램 수련
전) 동신대학교 상담심리학과 교수
현) 아동청소년상담센터 맑음 소장
    경희대학교 공공대학원 사회복지학과 아동상담트랙 겸임 교수

〈주요 저 · 역서〉
게슈탈트 놀이치료(공역, 학지사, 2021)
청소년 놀이치료(학지사, 2014)
아동상담 처음부터 끝까지(공저, 이담북스, 2012)
마음맑음 시리즈(공저, 이담북스, 2012)
아동중심 놀이치료(공역, 상조사, 2007)

차미숙(Cha, Mi Suk)

숙명여자대학교 아동복지학과 아동심리치료 전공(문학박사)
여성가족부 청소년상담사 1급
한국놀이치료학회 놀이심리상담사 1급
한국미술심리치료연구학회 미술심리상담교육전문가
전) 도담도담 아동청소년상담센터 부소장
현) 경희대학교 공공대학원 사회복지학과 아동상담트랙 주임 교수

〈주요 저 · 역서〉
뇌기반 심리치료: 신경과학을 적용하여 내담자 변화 이끌기(공역,
　　시그마프레스, 2018)
아동청소년 뇌기반 심리치료(공역, 시그마프레스, 2016)
아동상담 처음부터 끝까지(공저, 이담북스, 2012)

놀이치료에서 공격성 다루기

신경생물학적 접근
AGGRESSION IN PLAY THERAPY

2025년 1월 10일 1판 1쇄 인쇄
2025년 1월 15일 1판 1쇄 발행

지은이 • Lisa Dion
옮긴이 • 최명선 · 차미숙
펴낸이 • 김진환
펴낸곳 • (주) **학지사**

04031 서울특별시 마포구 양화로 15길 20 마인드월드빌딩
대표전화 • 02)330-5114   팩스 • 02)324-2345
등록번호 • 제313-2006-000265호

홈페이지 • http://www.hakjisa.co.kr
인스타그램 • https://www.instagram.com/hakjisabook

ISBN 978-89-997-3272-0 93180

정가 17,000원

출판미디어기업 **학지사**

간호보건의학출판 **학지사메디컬** www.hakjisamd.co.kr
심리검사연구소 **인싸이트** www.inpsyt.co.kr
학술논문서비스 **뉴논문** www.newnonmun.com
교육연수원 **카운피아** www.counpia.com
대학교재전자책플랫폼 **캠퍼스북** www.campusbook.co.kr